AF186868

Impressum
Verlag: BABADADA GmbH, Nedderfeld 112 , 22529 Hamburg
Geschäftsführer / Verlagsleitung: Harald Hof
Druck: Books on Demand GmbH, In de Tarpen 42, 22848 Norderstedt

Imprint
Publisher: BABADADA GmbH, Nedderfeld 112 , 22529 Hamburg, Germany
Managing Director / Publishing direction: Harald Hof
Print: Books on Demand GmbH, In de Tarpen 42, 22848 Norderstedt

σχολείο
shule

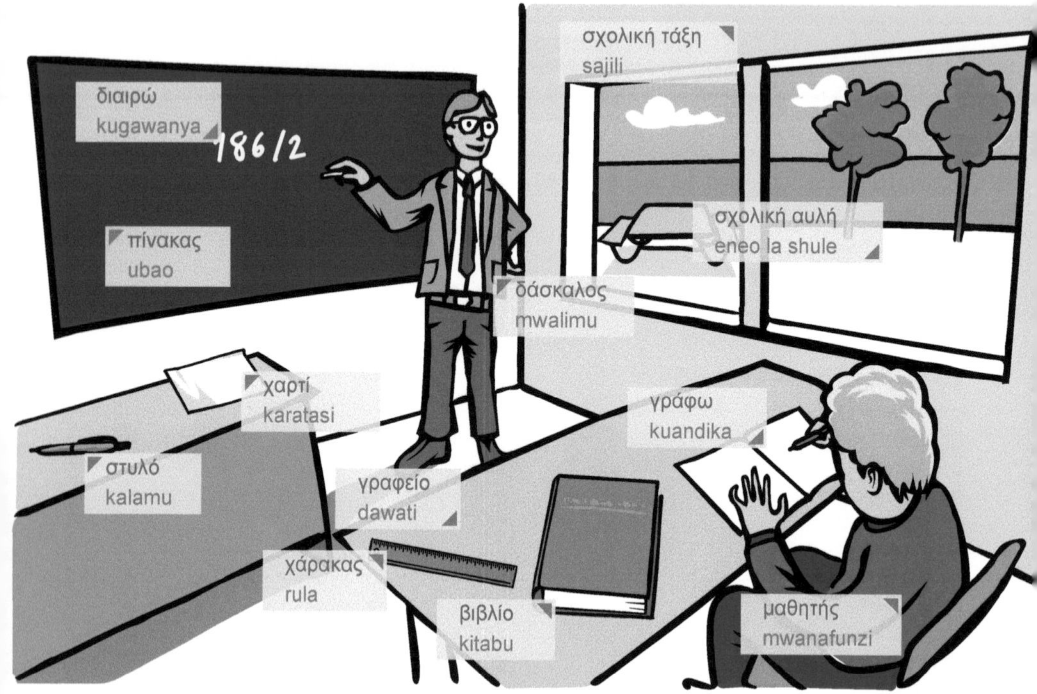
σχολική τάξη
sajili
διαιρώ
kugawanya
186/2
πίνακας
ubao
σχολική αυλή
eneo la shule
δάσκαλος
mwalimu
χαρτί
karatasi
γράφω
kuandika
στυλό
kalamu
γραφείο
dawati
χάρακας
rula
βιβλίο
kitabu
μαθητής
mwanafunzi

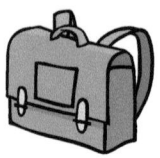

σχολική τσάντα
mkoba

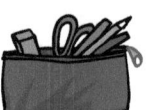

κασετίνα/ μολυβοθήκη
kikasha cha penseli

μολύβι
penseli

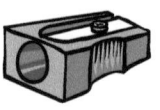

ξύστρα
kichonga penseli

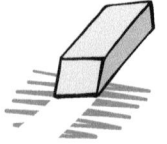

γόμα
mpira

μπλοκ ζωγραφικής
pedi ya kuchora

ζωγραφική

uchoraji

πινέλο

brashi ya rangi

κουτί χρωμάτων

sanduku la rangi

ψαλίδι

mkasi

κόλλα

gundi

τετράδιο ασκήσεων

daftari

εργασία για το σπίτι

kazi ya nyumbani

αριθμός

nambari

προσθέτω

jumlisha

αφαιρώ

ondoa

πολλαπλασιάζω

zidisha

υπολογίζω

kokotoa

γράμμα

barua

αλφάβητο

alfabeti

λέξη

neno

κείμενο
maandishi

διαβάζω
kusoma

κιμωλία
chaki

μάθημα
somo

εγγράφομαι
sajili

τεστ
uchunguzi

πιστοποιητικό
cheti

μαθητική στολή
sare za shule

εκπαίδευση
elimu

εγκυκλοπαίδεια
elezo

πανεπιστήμιο
chuo kikuu

μικροσκόπιο
darubini

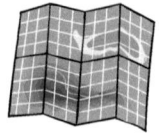

χάρτης
ramani

καλάθι αχρήστων
kikapu cha kuweka karatasi
chafu

ταξίδι
usafiri

ξενοδοχείο
hoteli
Grand
ξενώνας
hosteli
ROOMS
CHANGE
ανταλλακτήρια συναλλάγματος
ofisi ya ubadilishanaji
βαλίτσα
sanduku
αυτοκίνητο
gari

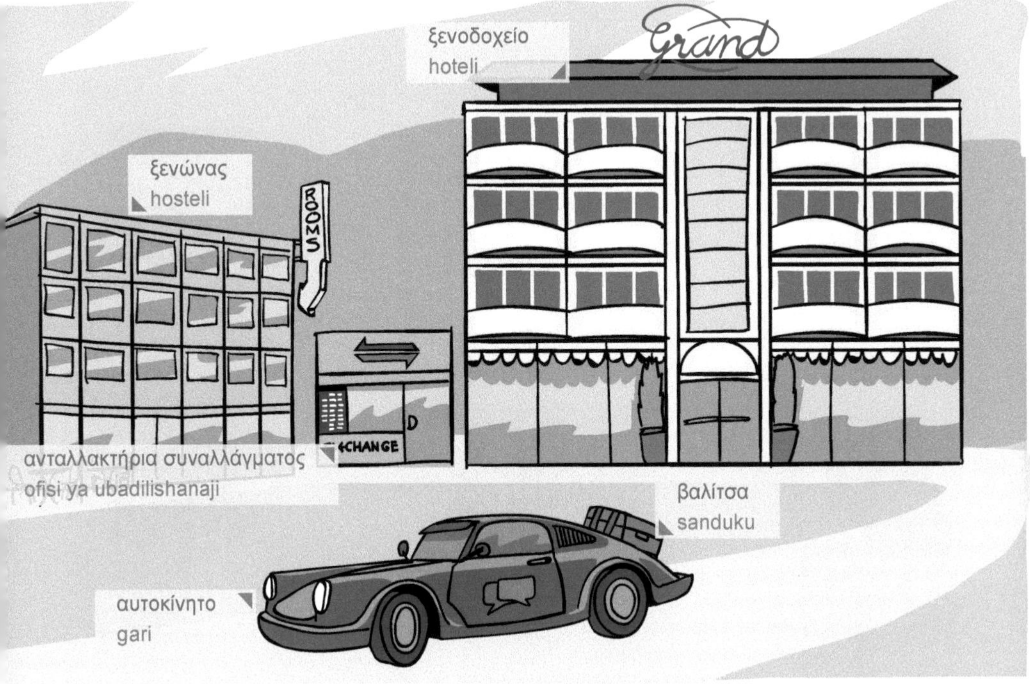

γλώσσα

lugha

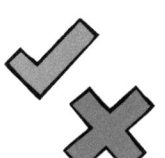

ναι / όχι

ndiyo / la

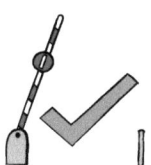

εντάξει

sawa

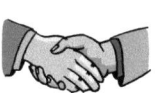

γεια σου

hujambo

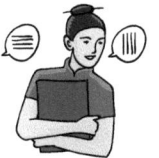

μεταφραστής

mtafsiri

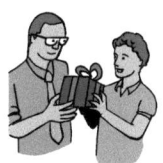

Ευχαριστώ

Asante

πόσο κάνει ;

kiasi gani ni ...?

Δε καταλαβαίνω

Sielewi

πρόβλημα

tatizo

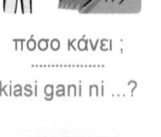

Καλησπέρα!

Jioni njema!

Καλημέρα!

Habari za asubuhi!

Καληνύχτα!

Usiku mwema!

Αντίο

kwa heri

κατεύθυνση

mwelekeo

αποσκευές

mizigo

τσάντα

mfuko

σακίδιο πλάτης

shanta

καλεσμένος

mgeni

δωμάτιο

chumba

υπνόσακος

begi la kulalia

σκηνή

hema

τουριστικές πληροφορίες

taarifa ya utalii

παραλία

ufuo

πιστωτική κάρτα

kadi

πρωινό

kifunguakinywa

μεσημεριανό

chakula cha mchana

δείπνο

chakula cha jioni

εισιτήριο

tiketi

ανελκυστήρας

kuinua

γραμματόσημο

muhuri

σύνορα

mpaka

τελωνείο

mila

πρεσβεία

ubalozi

βίζα

visa

διαβατήριο

pasipoti

μεταφορά
usafiri

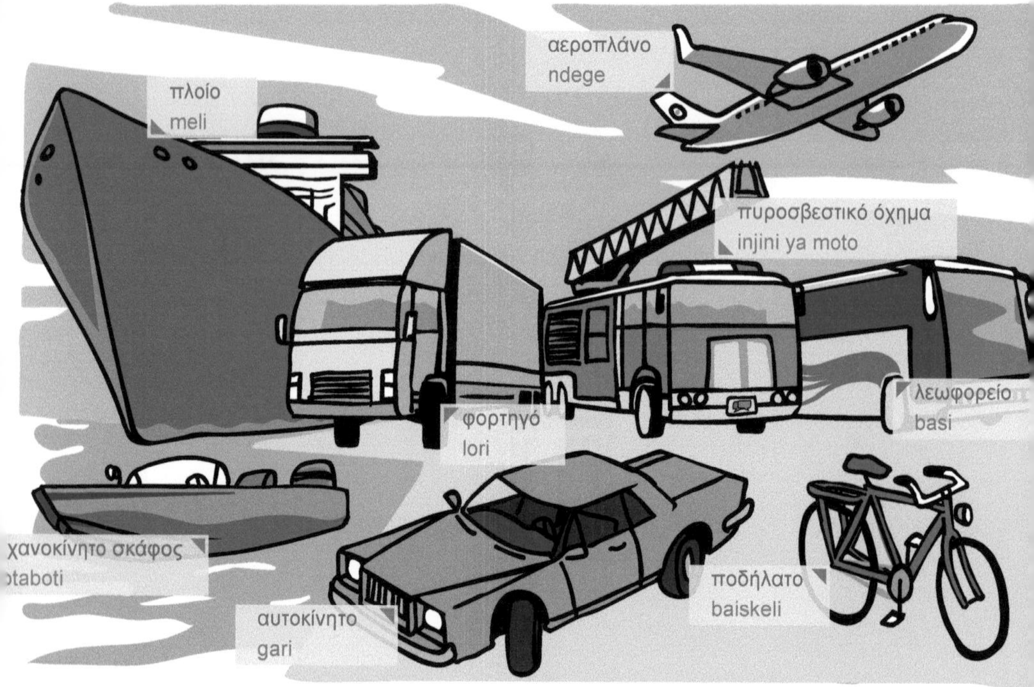

αεροπλάνο
ndege
πλοίο
meli
πυροσβεστικό όχημα
injini ya moto
λεωφορείο
basi
φορτηγό
lori
χανοκίνητο σκάφος
taboti
ποδήλατο
baiskeli
αυτοκίνητο
gari

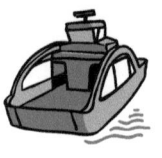

φεριμπότ

feri

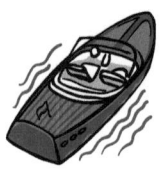

βάρκα

mashua

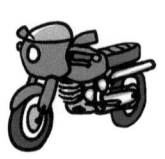

μοτοσικλέτα

pikipiki

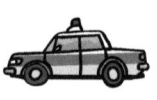

περιπολικό

gari la polisi

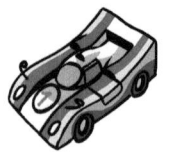

αγωνιστικό αυτοκίνητο

gari la mashindano

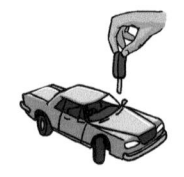

ενοικιαζόμενο αυτοκίνητο

gari la kukodisha

διαμοιρασμός αυτοκινήτων

kushiriki gari

γερανός

lori la kuvuta

απορριμματοφόρο

ukusanyaji taka

κινητήρας

motor

καύσιμο

mafuta

βενζινάδικο

kituo cha mafuta

πινακίδα σήμανσης

ishara trafiki

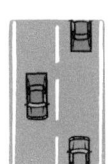

κυκλοφορία

trafiki

κυκλοφοριακή συμφόρηση

msongamano

χώρος στάθμευσης

maegesho

σιδηροδρομικός σταθμός

kituo cha treni

σιδηροδρομικές γραμμές

reli

τρένο

garimoshi

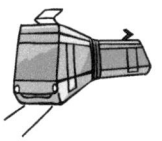

τραμ

tremu

βαγόνι

gari la mizigo

ελικόπτερο
helikopta

αεροδρόμιο
uwanja wa ndege

πύργος
mnara

επιβάτης
abiria

εμπορευματοκιβώτιο
chombo

χαρτοκιβώτιο
katoni

καρότσι
mkokoteni

καλάθι
kikapu

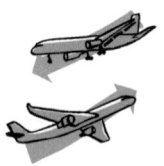

απογειώνομαι /
προσγειόνομαι
ondoka

πόλη
jiji

χωριό
kijiji

κέντρο της πόλης
katikati ya jiji

σπίτι
nyumba

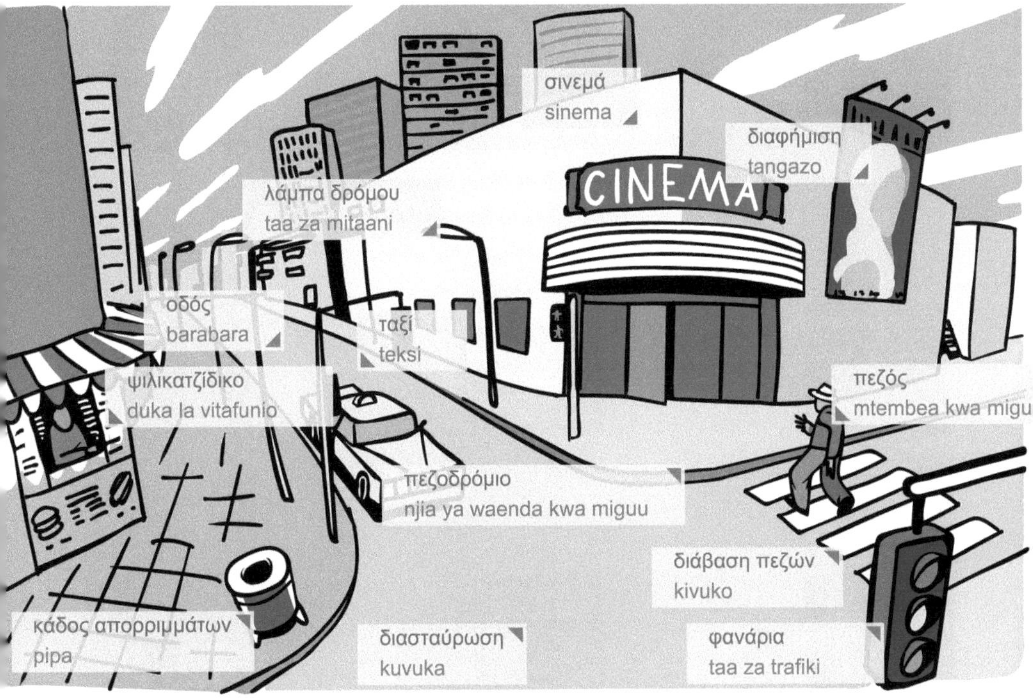

σινεμά
sinema
διαφήμιση
tangazo
CINEMA
λάμπα δρόμου
taa za mitaani
οδός
barabara
ταξί
teksi
ψιλικατζίδικο
duka la vitafunio
πεζός
mtembea kwa migu
πεζοδρόμιο
njia ya waenda kwa miguu
διάβαση πεζών
kivuko
κάδος απορριμμάτων
pipa
διασταύρωση
kuvuka
φανάρια
taa za trafiki

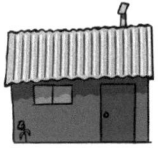

καλύβα

kibanda

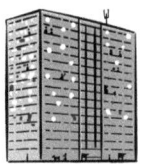

διαμέρισμα

gorofa

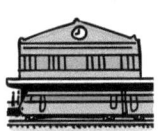

σιδηροδρομικός σταθμός

kituo cha treni

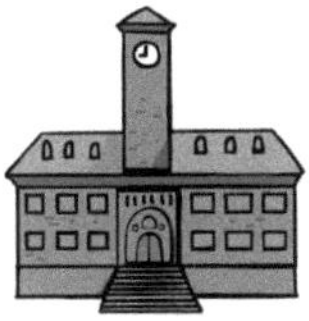

δημαρχείο

ukumbi wa mji

MUSEUM

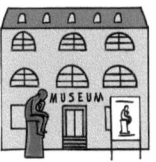

μουσείο

Makavazi

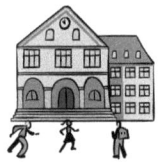

σχολείο

shule

πανεπιστήμιο

chuo kikuu

τράπεζα

benki

νοσοκομείο

hospitali

ξενοδοχείο

hoteli

φαρμακείο

duka la dawa

γραφείο

ofisi

βιβλιοπωλείο

duka la kitabu

κατάστημα

duka

ανθοπωλείο

duka la maua

σούπερ μάρκετ

dukakuu

αγορά

soko

πολυκατάστημα

idara ya kuhifadhi

ιχθυοπωλείο

mwuza samaki

εμπορικό κέντρο

kituo cha ununuzi

λιμάνι

bandari

πάρκο
Hifadhi

παγκάκι
benki

γέφυρα
daraja

σκάλες
vidato

μετρό
chini ya ardhi

τούνελ
handaki

στάση λεωφορείου
kituo cha mabasi

μπαρ
bar

εστιατόριο
mgahawa

γραμματοκιβώτιο
sanduku la posta

πινακίδα δρόμου
ishara ya barabara

παρκόμετρο
mita ya maegesho

ζωολογικός κήπος
bustani ya wanyama

πισίνα
kidimbwi cha kuogelea

τζαμί
msikiti

αγρόκτημα

shamba

ρύπανση

uchafuzi

νεκροταφείο

makaburini

εκκλησία

kanisa

παιδική χαρά

uwanja wa michezo

ναός

hekalu

τοπίο
mazingira

φύλλο
jani

πινακίδα κατεύθυνσης
ishara ya mwelekeo

δρόμος
njia

λιβάδι
malisho

πέτρα
jiwe

πεζοπόρος
mtembeaji wa masafa

δέντρο
mti

ποτάμι
mto

χορτάρι
nyasi

λουλούδι
ua

κοιλάδα
bonde

λόφος
kilima

λίμνη
ziwa

δάσος
msitu

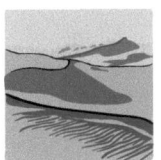

έρημος
jangwa

ηφαίστειο
volkano

κάστρο
ngome

ουράνιο τόξο
upinde wa mvua

μανιτάρι
uyoga

φοίνικας
mtende

κουνούπι
mbu

μύγα
kuruka

μυρμήγκι
chungu

μέλισσα
nyuki

αράχνη
buibui

σκαθάρι

mende

βάτραχος

chura

σκίουρος

kuchakuro

σκαντζόχοιρος

nungunungu

λαγός

sungura

κουκουβάγια

bundi

πουλί

ndege

κύκνος

swan

αγριογούρουνο

nguruwe mwitu

ελάφι

kulungu

άλκη

aina ya kongoni

φράγμα

bwawa

ανεμογεννήτρια

tabo ya upepo

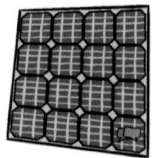

ηλιακός συλλέκτης

nishaji ya jua

κλίμα

hali ya hewa

εστιατόριο
mgahawa

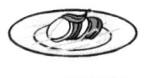

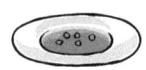

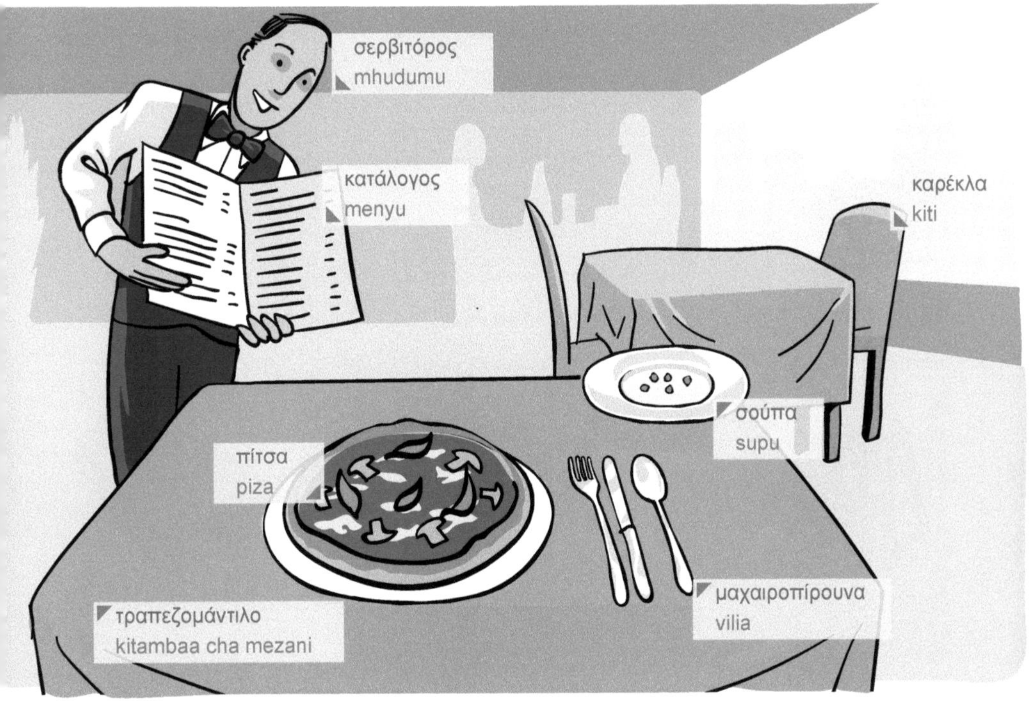
σερβιτόρος
mhudumu
κατάλογος
menyu
καρέκλα
kiti
σούπα
supu
πίτσα
piza
τραπεζομάντιλο
kitambaa cha mezani
μαχαιροπίρουνα
vilia

ορεκτικό

kiamsha hamu

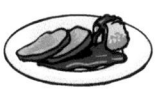

κύριο πιάτο

kozi kuu

επιδόρπιο

kitindamlo

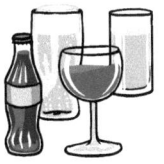

ποτά

vinywaji

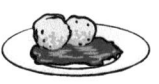

φαγητό

chakula

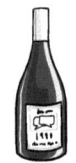

μπουκάλι

chupa

φαστ φουντ

chakula cha haraka

φαγητό στ' όρθιο

Streetfood

τσαγιέρα

buli

δοχείο ζάχαρης

kisanduku cha sukari

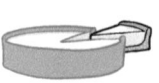

μερίδα

sehemu

μηχανή εσπρέσο

mashine ya espresso

ψηλή καρέκλα

kiti kirefu

λογαριασμός

muswada

δίσκος

trei

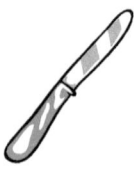

μαχαίρι

kisu

πιρούνι

uma

κουτάλι

kijiko

κουταλάκι του τσαγιού

kijiko cha chai

πετσέτα φαγητού

nepi

ποτήρι

glasi

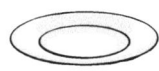

πιάτο

sahani

πιάτο σούπας

sahani ya supu

πιατάκι φλιτζανιού

sufuria

σάλτσα

mchuzi

αλατιέρα

kichanyaji chumvi

μύλος για πιπέρι

kinu cha pilipili

ξύδι

siki

λάδι

mafuta

μπαχαρικά

viungo

κέτσαπ

kechapu

μουστάρδα

haradali

μαγιονέζα

kachumbari nzito

σούπερ μάρκετ
dukakuu

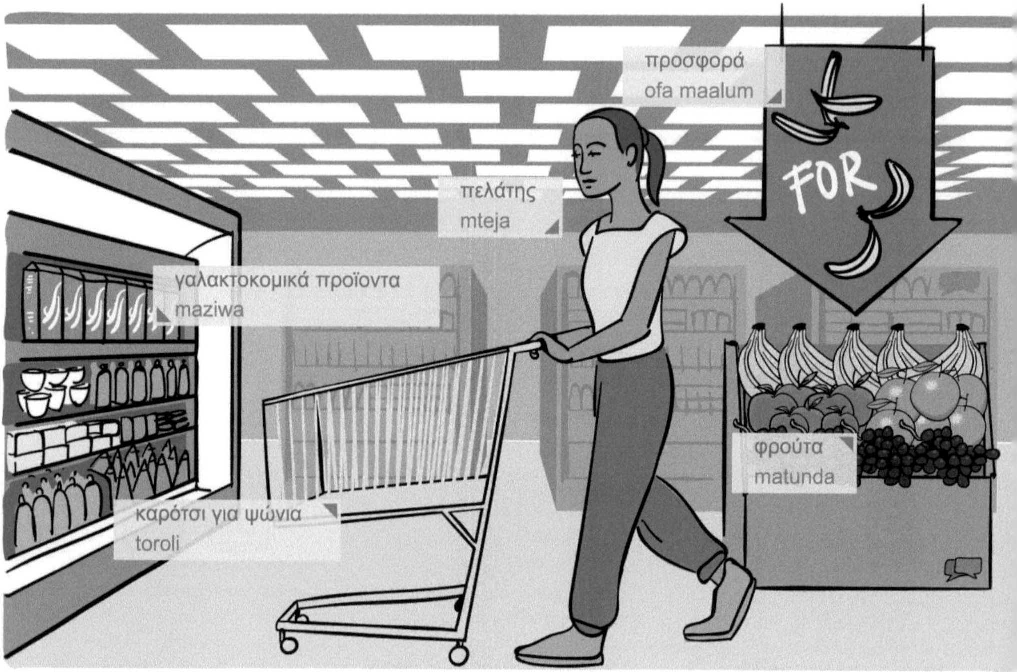

προσφορά
ofa maalum
FOR
πελάτης
mteja
γαλακτοκομικά προϊόντα
maziwa
φρούτα
matunda
καρότσι για ψώνια
toroli

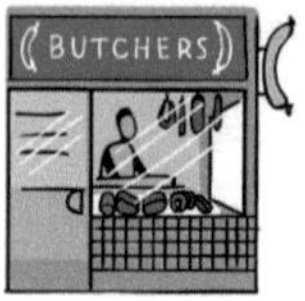

BUTCHERS

κρεοπωλείο

mchinjaji

BAKERY

φούρνος

mwokaji

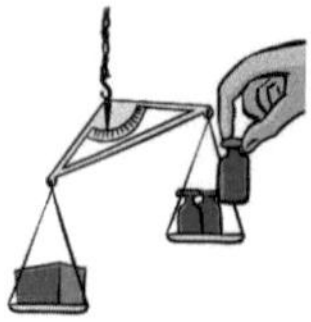

ζυγίζω

uzito

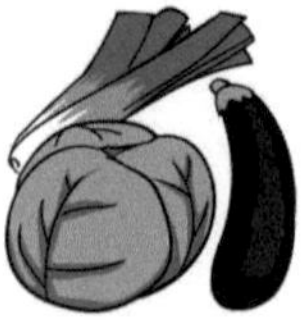

λαχανικά

mboga

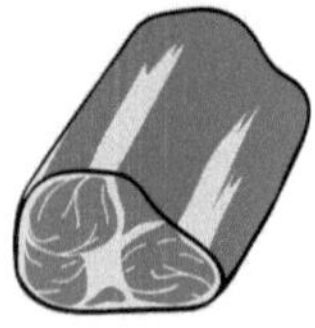

κρέας

nyama

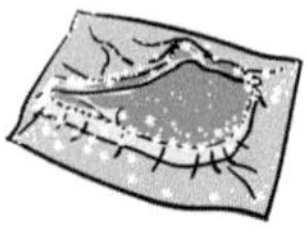

κατεψυγμένα τρόφιμα

chakula waliohifadhiwa

αλλαντικά

vipande vya nyama baridi

κονσερβοποιημένη τροφή

chakula cha kopo

απορρυπαντικό ρούχων

sabuni ya unga

γλυκά

pipi

οικιακά είδη

bidhaa za kaya

καθαριστικά προϊόντα

bidhaa za kusafisha

πωλήτρια

mtu mauzo

ταμείο

mpaka

ταμίας

keshia

λίστα για ψώνια

orodha ya manunuzi

ωράριο λειτουργίας

masaa ya ufunguzi

πορτοφόλι

mkoba

πιστωτική κάρτα

kadi

τσάντα

mfuko

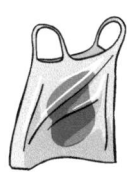

πλαστική σακούλα

mfuko wa plastiki

νερό

maji

χυμός

sharubati

γάλα

maziwa

κόκα κόλα

coke

κρασί

mvinyo

μπίρα

bia

αλκοόλ

pombe

κακάο

kakao

τσάι

chai

καφές

kahawa

εσπρέσο

spreso

καπουτσίνο

kapuchino

μπανάνα

ndizi

μήλο

tufaha

πορτοκάλι

machungwa

πεπόνι

tikiti

λεμόνι

lemon

καρότο

karoti

σκόρδο

kitunguu saumu

μπαμπού

mianzi

κρεμμύδι

kitunguu

μανιτάρι

uyoga

ξηροί καρποί

karanga

νουντλς

nudo

μακαρόνια

spageti

ρύζι

mpunga

σαλάτα

saladi

πατατάκια

vibanzi

τηγανητές πατάτες

viazi vya kukaanga

πίτσα

piza

χάμπουργκερ

hambaga

σάντουιτς

sandwichi

κοτολέτα

kipande

ζαμπόν

paja la mnyama

σαλάμι

salami

λουκάνικο

soseji

κοτόπουλο

kuku

ψητό

choma

ψάρι

samaki

χυλός βρώμης

oats ya uji

μούσλι

muesli

κορν φλέικς

cornflakes

αλεύρι

unga

κρουασάν

kroisanti

ψωμάκι

andazi

ψωμί

mkate

τοστ

mkate wa kubanika

μπισκότα

biskuti

βούτυρο

siagi

τυρόπηγμα

maziwa mgando

κέικ

keki

αυγό

yai

τηγανητό αυγό

yai kukaanga

τυρί

jibini

φαγητό - chakula

παγωτό
aiskrimu

ζάχαρη
sukari

μέλι
asali

μαρμελάδα
jemu

άλλειμμα σοκολάτας
kuenea kwa chokoleti

κάρυ
mchuzi wa viungo

αγρόκτημα
shamba

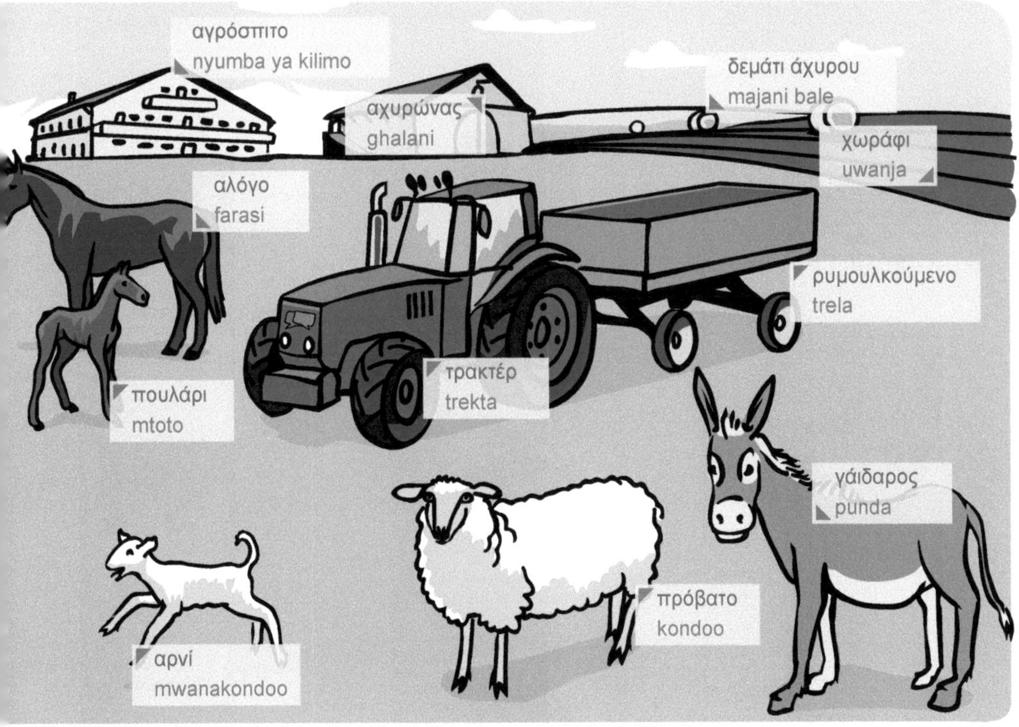
αγρόσπιτο
nyumba ya kilimo
αχυρώνας
ghalani
δεμάτι άχυρου
majani bale
χωράφι
uwanja
αλόγο
farasi
ρυμουλκούμενο
trela
τρακτέρ
trekta
πουλάρι
mtoto
γάιδαρος
punda
πρόβατο
kondoo
αρνί
mwanakondoo

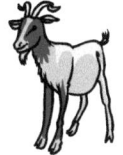

κατσίκα

mbuzi

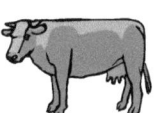

αγελάδα

ng'ombe

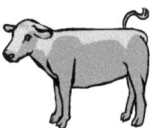

μοσχαράκι

ndama

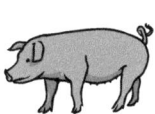

γουρούνι

nguruwe

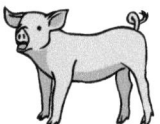

γουρουνάκι

mwananguruwe

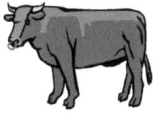

ταύρος

fahali

χήνα

batabukini

πάπια

bata

κοτοπουλάκι

kifaranga

κότα

kuku

κόκορας

jogoo

αρουραίος

panya

γάτα

paka

ποντίκι

panya

βόδι

ng'ombe

σκύλος

mbwa

σπιτάκι σκύλου

nyumba ya mbwa

λάστιχο κήπου

bomba la bustani

ποτιστήρι

debe la kumwagilia maji

θεριστήρι

fyekeo

αλέτρι

kulima

δρεπάνι
mundu

τσάπα
jembe

δίκρανο
uma wa nyasi

τσεκούρι
shoka

χειράμαξα
toroli

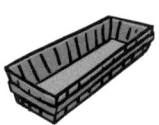

ταΐστρα
kupitia nyimbo

δοχείο γάλακτος
chombo cha maziwa

σάκος
gunia

φράχτης
ua

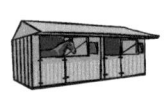

στάβλος
imara

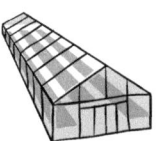

θερμοκήπιο
chafu

έδαφος
udongo

σπόρος
mbegu

λίπασμα
mbolea

θεριζοαλωνιστική μηχανή
kivunaji

θερίζω

mavuno

συγκομιδή

mavuno

γιαμς

viazi vikuu

σιτάρι

ngano

σόγια

soya

πατάτα

viazi

καλαμπόκι

mahindi

κράμβη

rapa

οπωροφόρο δέντρο

mti wa matunda

μανιόκα

muhogo

δημητριακά

nafaka

σπίτι
nyumba

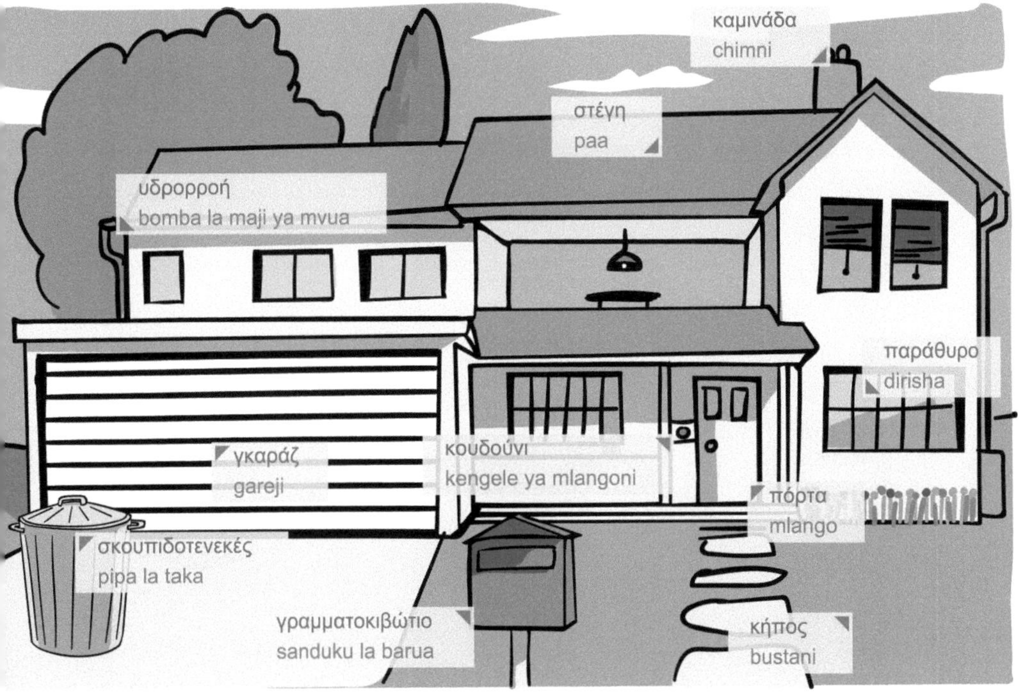

καμινάδα
chimni
στέγη
paa
υδρορροή
bomba la maji ya mvua
παράθυρο
dirisha
γκαράζ
gareji
κουδούνι
kengele ya mlangoni
πόρτα
mlango
σκουπιδοτενεκές
pipa la taka
γραμματοκιβώτιο
sanduku la barua
κήπος
bustani

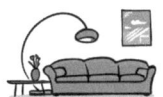

σαλόνι

sebuleni

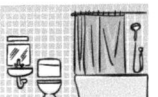

μπάνιο

bafu

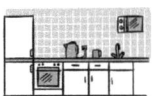

κουζίνα

jikoni

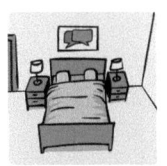

υπνοδωμάτιο

chumba cha kulala

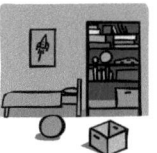

παιδικό δωμάτιο

chumba ya mtoto

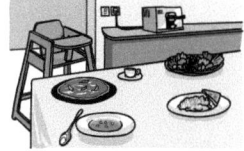

τραπεζαρία

chumba cha kulia

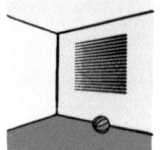

πάτωμα
sakafu

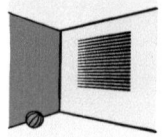

τοίχος
ukuta

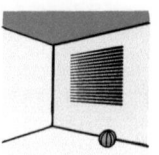

οροφή
dari

κελάρι
pishi

σάουνα
sauna

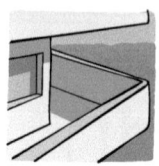

μπαλκόνι
roshani

βεράντα
mtaro

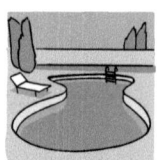

πισίνα
kidimbwi

μηχανή του γκαζόν
mashine ya kukata nyasi

σεντόνι
karatasi

κάλυμμα κρεβατιού
kitambaa cha kupamba
kitanda

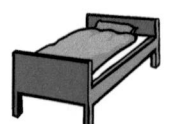

κρεβάτι
kitanda

σκούπα
ufagio

κουβάς
ndoo

διακόπτης
kubadili

σαλόνι
sebuleni

ταπετσαρία
mandhari
φωτογραφία
picha
λάμπα
taa
ράφι
rafu
ντουλάπι
kabati
τηλεόραση
televisheni/runinga
τζάκι
mekoni
λουλούδι
ua
μαξιλάρι
mto
καναπές
sofa
βάζο
chombo cha maua
τηλεκοντρόλ
kitenzambali

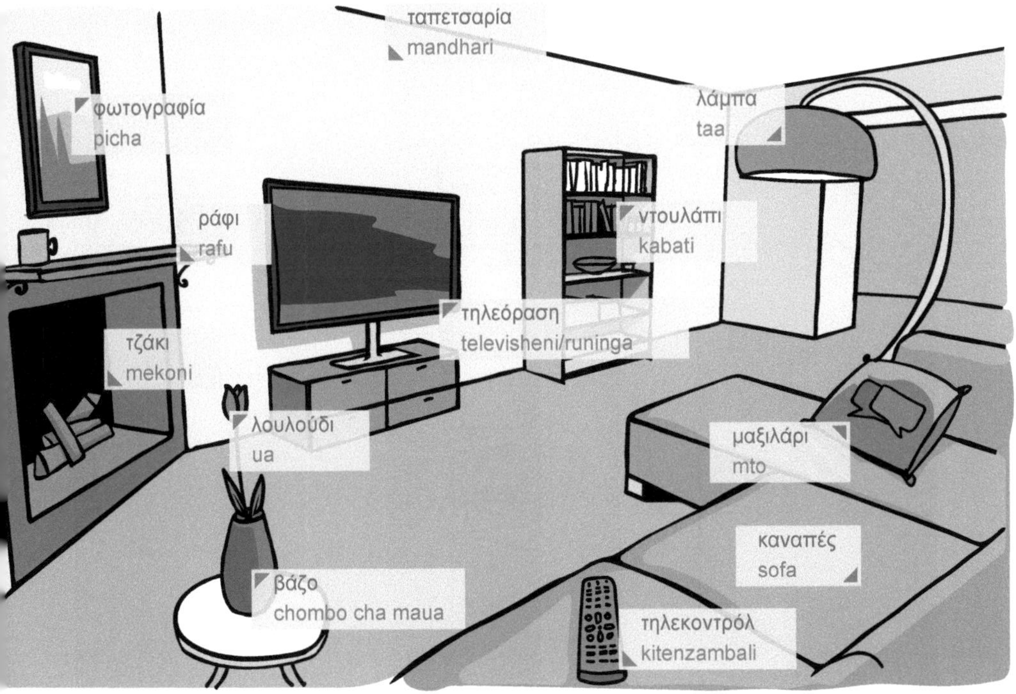

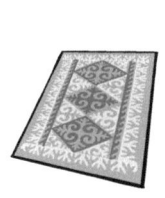

χαλί

zulia

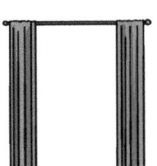

κουρτίνα

pazia

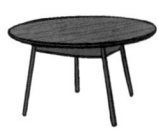

τραπέζι

meza

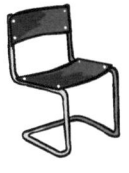

καρέκλα

kiti

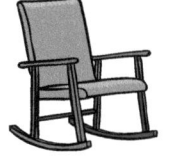

κουνιστή πολυθρόνα

kiti cha bembea

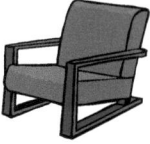

πολυθρόνα

armchair

βιβλίο
kitabu

κουβέρτα
blanketi

διακόσμηση
mapambo

καυσόξυλα
kuni

ταινία
filamu

στερεοφωνικό σύστημα
kifaa cha hi-fi

κλειδί
ufunguo

εφημερίδα
gazeti

πίνακας ζωγραφικής
uchoraji

αφίσα
bango

ραδιόφωνο
redio

σημειωματάριο
daftari

ηλεκτρική σκούπα
kifyonza

κάκτος
dungusi kakati

κερί
mshumaa

κουζίνα
jikoni

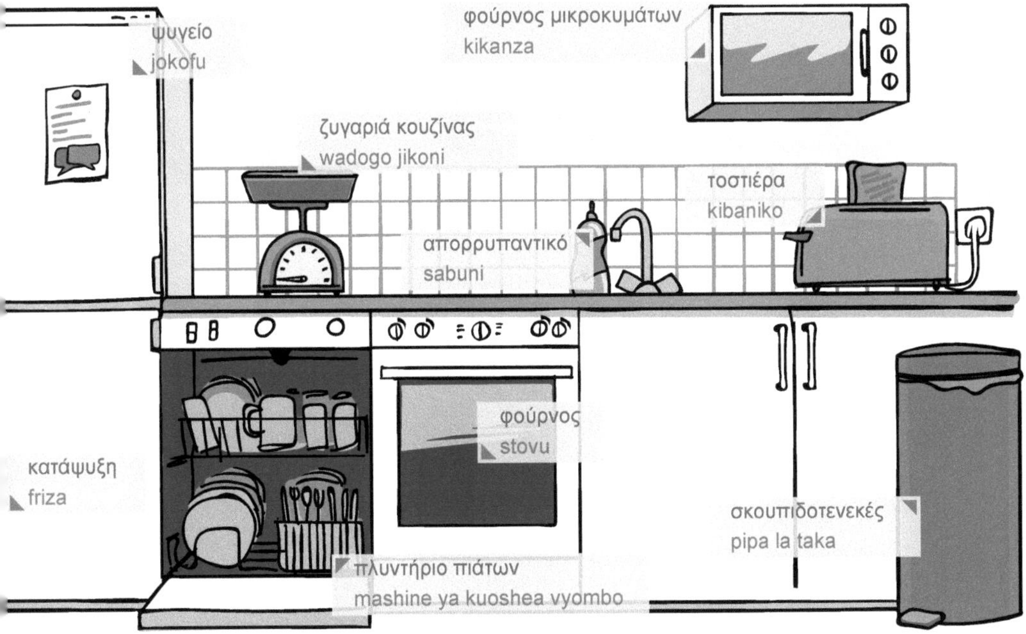

ψυγείο
jokofu
φούρνος μικροκυμάτων
kikanza
ζυγαριά κουζίνας
wadogo jikoni
τοστιέρα
kibaniko
απορρυπαντικό
sabuni
φούρνος
stovu
κατάψυξη
friza
σκουπιδοτενεκές
pipa la taka
πλυντήριο πιάτων
mashine ya kuoshea vyombo

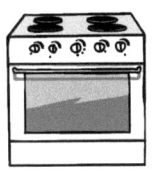

κουζίνα

jiko la kupika

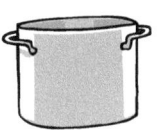

κατσαρόλα

chungu

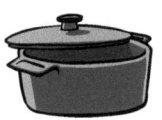

μαντεμένια κατσαρόλα

sufuria ya chuma

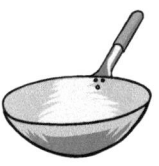

γουόκ/καντάι

wok / kadai

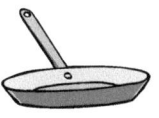

τηγάνι

kaango

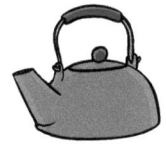

βραστήρας

birika

ατμομάγειρας

stima

ταψί

sinia ya kuoka

πιατικά

vyombo vya udongo

κούπα

kombe

μπολ

bakuli

ξυλάκια

vijiti vya kulia

κουτάλα

ukawa

σπάτουλα

mwiko mpana

ανακατεύω

burashi

σουρωτήρι

kichujio

σουρωτηράκι

chujio

τρίφτης

mbuzi

γουδί

chokaa

ψησταριά

barbeque

ανοιχτή φωτιά

moto wazi

σανίδα κοπής

ubao wa majaribio

πλάστης

kijiti cha kusukuma unga

ανοιχτήρι φελλών

kizibuo

κονσέρβα

kopo

ανοιχτήρι κονσέρβας

inaweza kopo

γάντι φούρνου

kishikio cha chungu

νεροχύτης

karo

βούρτσα

brashi

σφουγγάρι

sifongo

μπλέντερ

kisagaji matunda

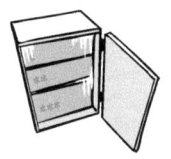

καταψύκτης

friji ya kina

μπιμπερό

chupa ya mtoto

βρύση

bomba

μπάνιο
bafu

θέρμανση
joto
πετσέτα
taulo
ντους
mfereji wa kuogea
κουρτίνα ντουζ
pazia la kuogea
αφρόλουτρο
maji ya kuoga yenye povu
μπανιέρα
hodhi
ποτήρι
glasi
πλυντήριο ρούχων
mashine ya kuosha
βρύση
bomba
πλακάκια
vigae
γιογιό
poti
νεροχύτης
karo

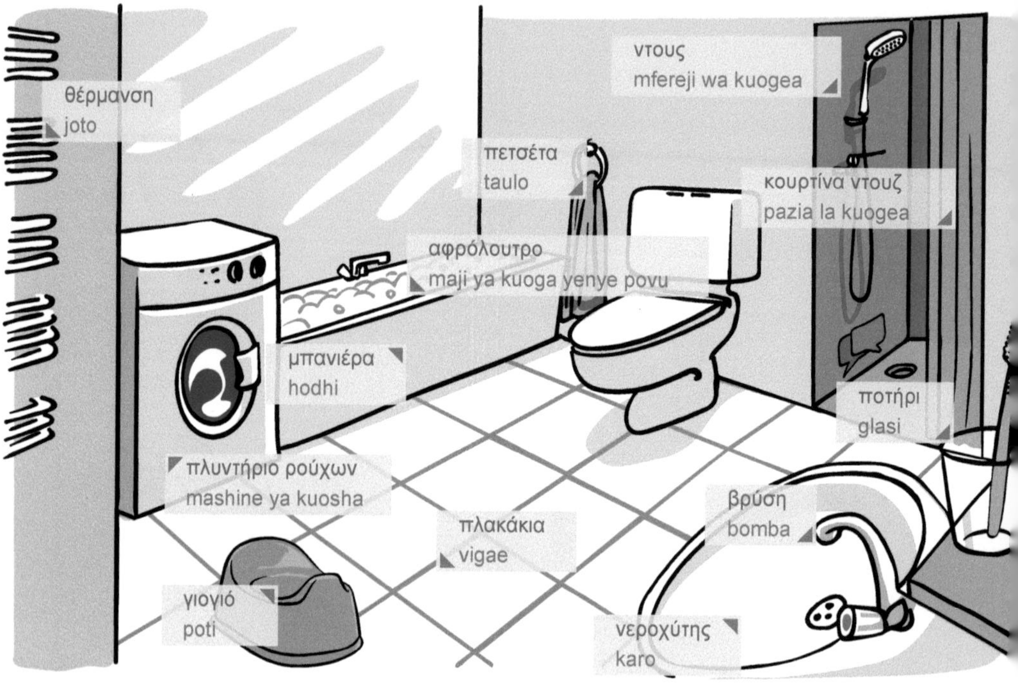

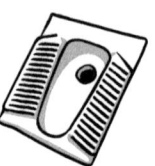

τουαλέτα

choo

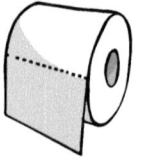

τούρκικη τουαλέτα

choo cha squat

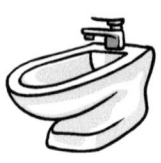

μπιντές

beseni la mviringo

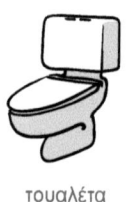

ουρητήριο

choo cha umma

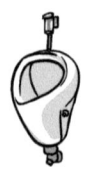

χαρτί υγείας

shashi

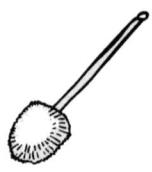

πιγκάλ

brashi ya choo

οδοντόβουρτσα

mswaki

οδοντόκρεμα

dawa ya meno

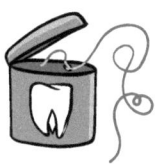

οδοντικό νήμα

dawa ya meno

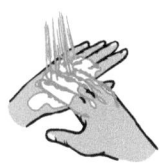

πλένω

safisha

τηλέφωνο ντους

kuoga mkono

ντουσιέρα

msukumo wa maji

λεκάνη

bonde

βούρτσα πλάτης

mpako wa pili

σαπούνι

sabuni

αφρόλουτρο

jeli ya kuogea

σαμπουάν

shampuu

φανέλα

flana

σιφόνι

toa maji

κρέμα

krimu

αποσμητικό

kiondoa harufu

καθρέφτης
kioo

καθρέφτης χειρός
kioo mkono

ξυραφάκι
kinyozi

αφρός ξυρίσματος
povu la kunyoa

αφτερσέιβ
baada ya kunyoa

χτένα
kichana

βούρτσα
brashi

σεσουάρ
kikausha nywele

λακ
marashi ya nyewele

μακιγιάζ
vipodozi

κραγιόν
kidomwa

βερνίκι νυχιών
varnish ya msumari

βαμβάκι
pamba

ψαλίδι νυχιών
mkasi wa kucha

άρωμα
manukato

νεσεσέρ

mkoba wa kuosha

σκαμπό

kinyesi

ζυγαριά

mizani

μπουρνούζι

nguo ya kuoga

ελαστικά γάντια

glavu za mpira

ταμπόν

kisodo

πετσέτα υγιεινής

sodo

χημική τουαλέτα

kemikali choo

μπάνιο - bafu

παιδικό δωμάτιο
chumba ya mtoto

ξυπνητήρι
saa ya kengele
λούτρινο ζωάκι
kidoli cha kupakata
αυτοκινητάκι
gari bandia
κουδουνίστρα
kelele
κουκλόσπιτο
chumba cha midoli
δώρο
sasa

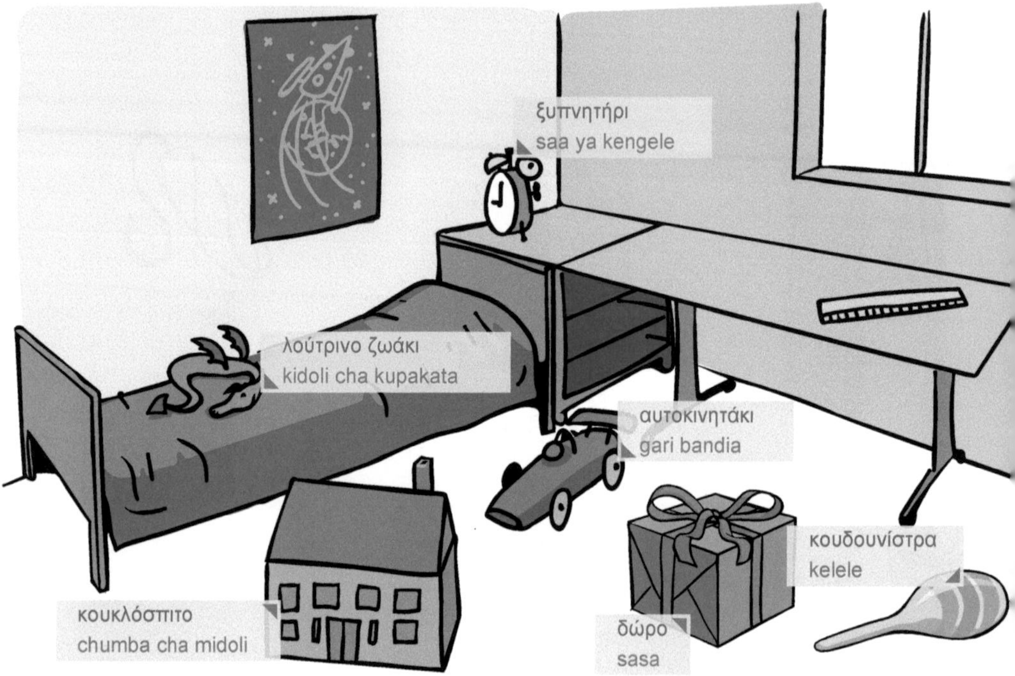

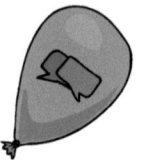

μπαλόνι

baluni

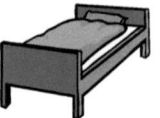

κρεβάτι

kitanda

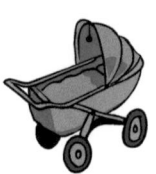

καροτσάκι

mashua

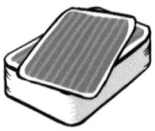

τράπουλα

staha ya kadi

παζλ

mchezo-fumb

SUPER MEGA

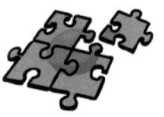

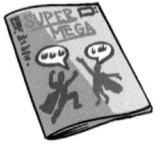

κόμικς

vichekesho

τουβλάκια lego

matofali lego

τουβλάκια κατασκευών

vitalu mwigo

φιγούρα δράσης

hatua takwimu

βρεφικό φορμάκι

suti ya kulalia

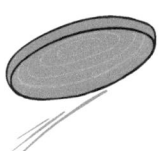

φρίσμπι

kisahani

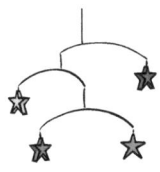

μόμπιλο

simu

επιτραπέζιο παιχνίδι

ubao wa michezo

ζάρια

kete

σετ τρενάκι

garimoshi mwigo

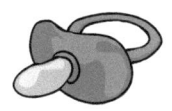

πιπίλα

dummy

πάρτι

chama

εικονογραφημένο βιβλίο

picha kitabu

μπάλα

mpira

κούκλα

kikaragosi

παίζω

kucheza

σκάμμα με άμμο

shimo la mchanga

κούνια

bembea

παιχνίδια

vitu bandia

κονσόλα βιντεοπαιχνιδιών

kiweko cha video ya mchezo

τρίκυκλο

baiskeli ya magurudumu

αρκουδάκι

mwanasesere

matatu

ντουλάπα

kabati

ρούχα

nguo

κάλτσες

soksi

καλτσοδέτες

stokingi

καλσόν

kibano

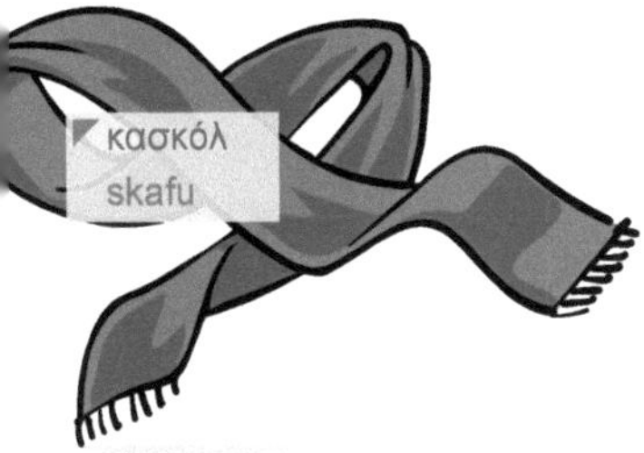

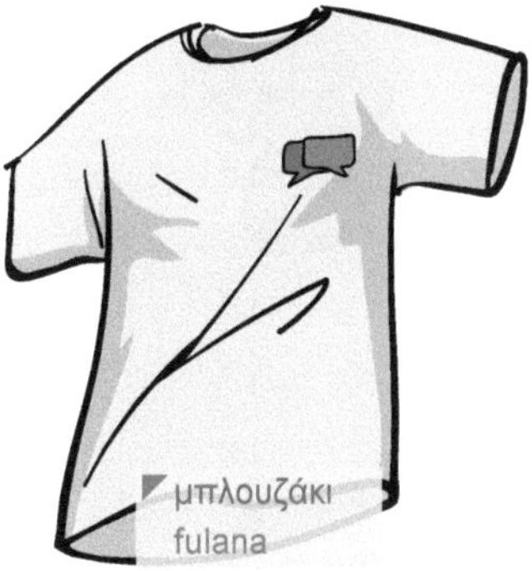

κασκόλ
skafu

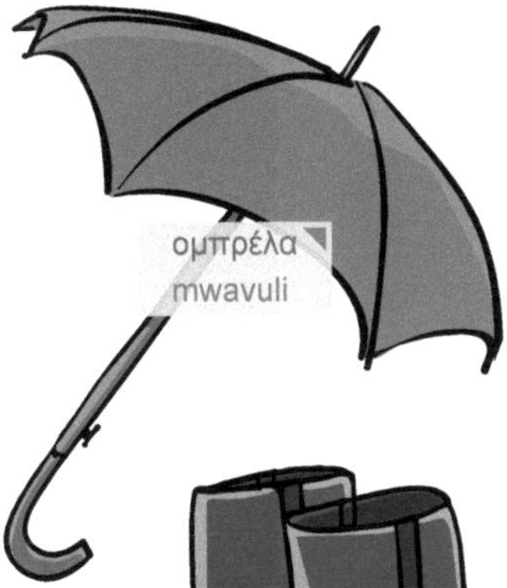

ζώνη
ukanda

ομπρέλα
mwavuli

μπλουζάκι
fulana

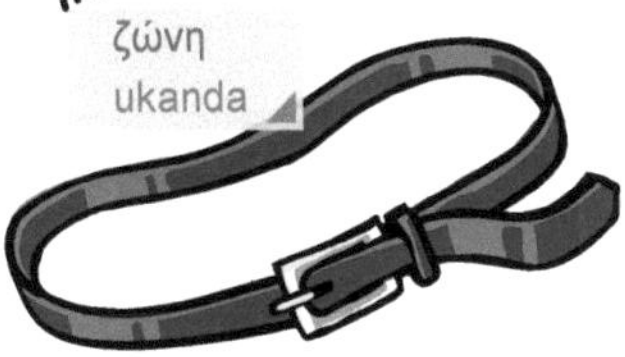

αθλητικά παπούτσια
wakufunzi

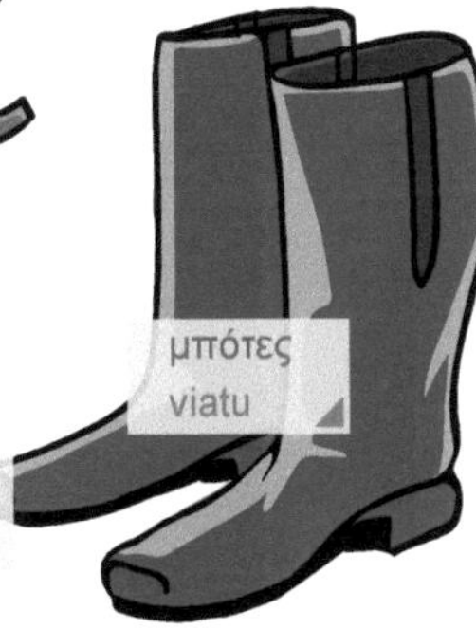

μπότες
viatu

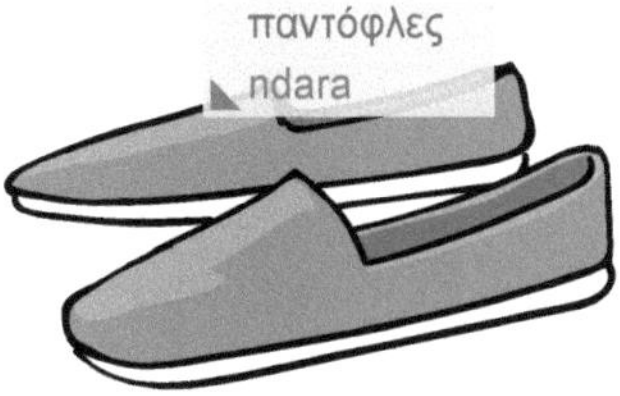

παντόφλες
ndara

σανδάλια
....
malapa

παπούτσια
....
viatu

γαλότσες
....
mabuti ya mpira

εσώρουχο
....
suruali ya ndani

σουτιέν
....
sidiria

φανέλα
....
fulana

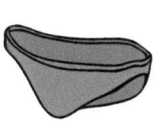

ρούχα - nguo

σώμα

mwili

παντελόνι

suruali

τζιν παντελόνι

dangirizi

φούστα

sketi

μπλούζα

blauzi

πουκάμισο

shati

πουλόβερ

vuta

πουλόβερ

sweta

σακάκι

bleza

μπουφάν

jaketi

παλτό

koti

αδιάβροχο πανωφόρι

koti la mvua

κοστούμι

maleba

φόρεμα

gauni

νυφικό

mavazi ya harusi

κοστούμι
suti

νυχτικό
vazi la usiku

πιτζάμες
pajama

σάρι
sari

μαντήλι
skafu

τουρμπάνι
kilemba

μπούρκα
burka

καφτάνι
kaftan

μουσουλμανικό ένδυμα
abaya

ολόσωμο μαγιό
vazi la kuogelea

ανδρικό μαγιό
vazi la kiume la kuogelea

σορτς
kaptura

αθλητική φόρμα
teitei

ποδιά
aproni

γάντια
glavu

κουμπί
kifungo

γυαλιά
glasi

βραχιόλι
bangili

περιδέραιο
mkufu

δαχτυλίδι
pete

σκουλαρίκι
herini

καπέλο
kofia

κρεμάστρα
kiango cha koti

καπέλο
kofia

γραβάτα
tai

φερμουάρ
zipu

κράνος
kofia

τιράντες
kanda za suruali

μαθητική στολή
sare za shule

στολή
sare

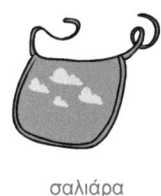

σαλιάρα

bibu

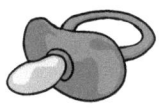

πιπίλα

dummy

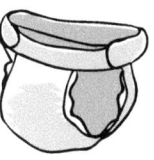

πάνα

nepi

γραφείο

ofisi

σέρβερ
seva
αρχειοθήκη
kabati la kuweka faili
εκτυπωτής
kichapishaji
χαρτί
karatasi
οθόνη
kiwambo
ποντίκι
kipanya
γραφείο
dawati
ντοσιέ
folda
πληκτρολόγιο
kibodi
αχρήστων
cha kuweka karatasi chafu
καρέκλα
kiti
υπολογιστής
kompyuta

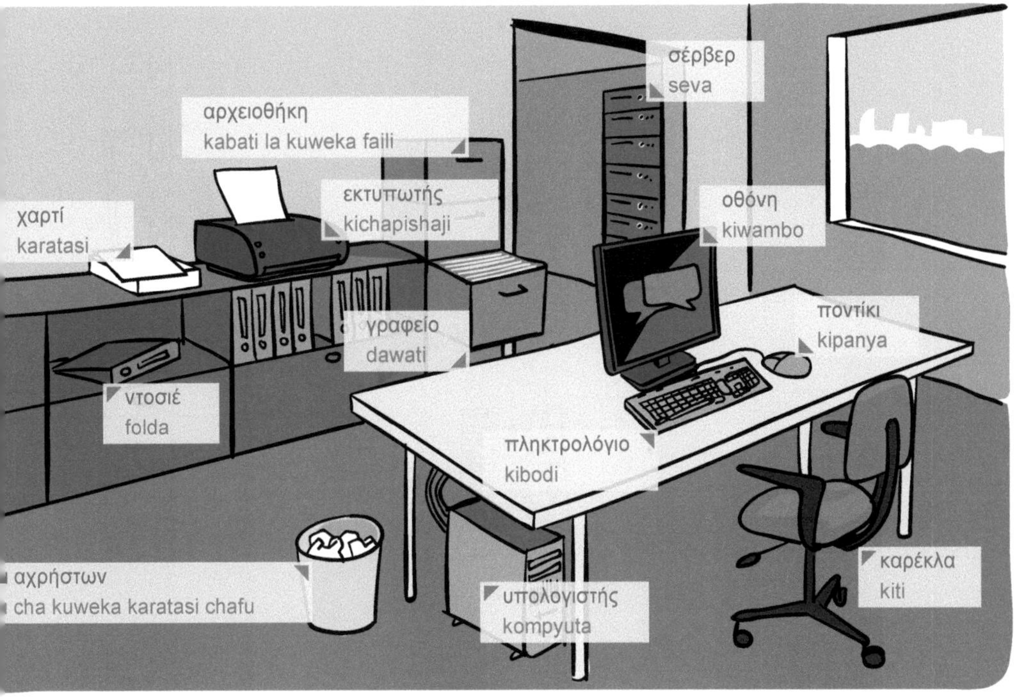

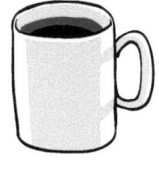

κούπα του καφέ

kmobe la kahawa

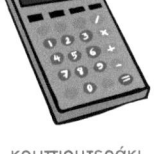

κομπιουτεράκι

kikokotoo

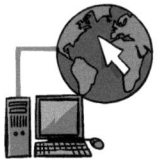

ίντερνετ

biashara

λάπτοπ

mbali

γράμμα

barua

μήνυμα

ujumbe

κινητό

rununu

δίκτυο

intaneti

φωτοτυπικό μηχάνημα

fotokopia

λογισμικό

programu

τηλέφωνο

simu

πρίζα

soketi

συσκευή φαξ

kipepesi

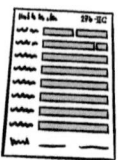

έντυπο

fomu

έγγραφο

hati

αγοράζω

kununua

πληρώνω

kulipa

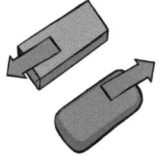

συναλλάσσομαι

biashara

χρήματα

fedha

δολάριο

dola

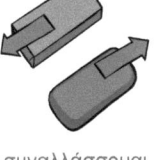

ευρώ

yuro

γιεν

yeni

ρούβλι

rouble

ελβετικό φράγκο

faranga ya Uswisi

ρενμίνμπι γιουάν

renminbi yuan

ρουπία

rupia

ATM (αυτόματη ταμειακή μηχανή)

eneo la kulipia

ανταλλακτήρια
συναλλάγματος

ofisi ya ubadilishanaji

χρυσός

dhahabu

ασήμι

fedha

πετρέλαιο

mafuta

ενέργεια

nishati

τιμή

bei

συμβόλαιο

mkataba

φόρος

kodi

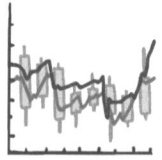

μετοχή

bidhaa

δουλεύω

kazi

υπάλληλος

mfanyakazi

εργοδότης

mwajiri

εργοστάσιο

kiwanda

κατάστημα

duka

επαγγέλματα

kazi

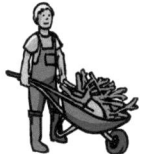

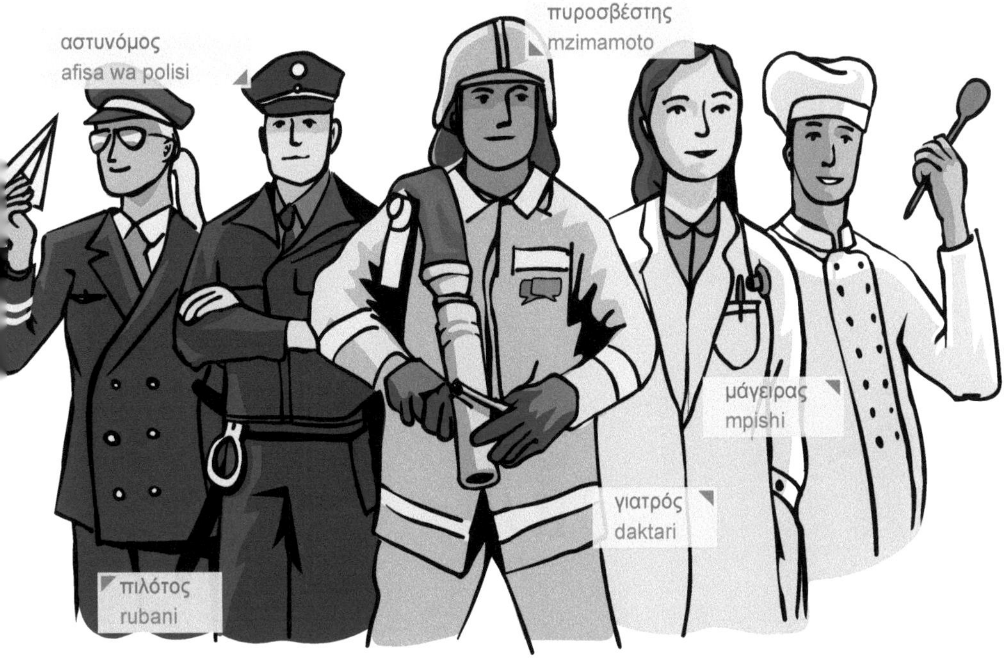

αστυνόμος
afisa wa polisi
πυροσβέστης
mzimamoto
μάγειρας
mpishi
γιατρός
daktari
πιλότος
rubani

κηπουρός

mtunza bustani

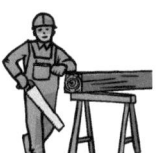

ξυλουργός

seremala

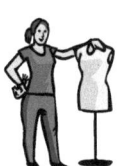

μοδίστρα

mshonaji

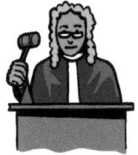

δικαστής

hakimu

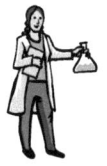

χημικός

mwanakemia

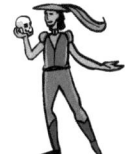

ηθοποιός

muigizaji

οδηγός λεωφορείου

dereva wa basi

ταξιτζής

dereva wa teksi

ψαράς

mvuvi

καθαρίστρια

mwanamke wa kusafisha

τεχνίτης στεγών

mwezekaji

σερβιτόρος

mhudumu

κυνηγός

mwindaji

ζωγράφος

mchoraji

αρτοποιός

mwokaji

ηλεκτρολόγος

umeme

οικοδόμος

mjenzi

μηχανολόγος

mhandisi

κρεοπώλης

mchinjaji

υδραυλικός

fundi bomba

ταχυδρόμος

mwanaposta

στρατιώτης
mwanajeshi

αρχιτέκτονας
msanifu majengo

ταμίας
keshia

ανθοπώλης
muuza maua

κομμωτής
msusi

ελεγκτής εισιτηρίων
kondakta

μηχανικός
mekanika

καπετάνιος
nahodha

οδοντίατρος
daktari wa meno

επιστήμονας
mwanasayansi

ραβίνος
rabbi

ιμάμης
imamu

μοναχός
mtawa

ιερέας
kasisi

εργαλεία

zana

σφυρί
nyundo
πένσα
koleo
κατσαβίδι
bisibisi
Γαλλικό κλειδί
spana
φακός
kurunzi

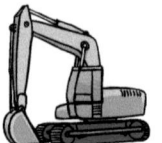

εκσκαφέας

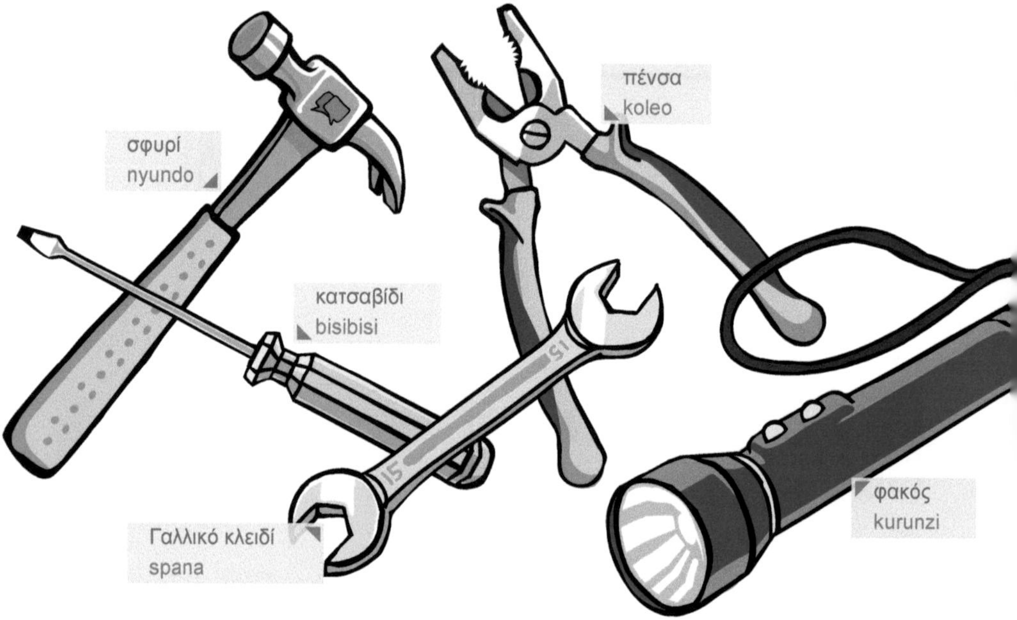

mchimbaji

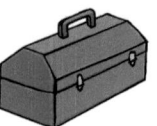

εργαλειοθήκη

sanduku la vifaa

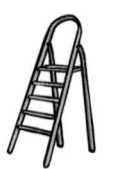

σκάλα

ngazi

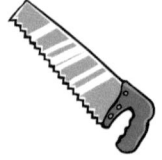

πριόνι

msumeno

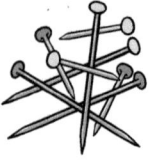

καρφιά

misumari

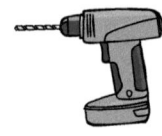

τρυπάνι

kuchimba visima

επισκευάζω

kukarabati

φτυάρι

sepetu

Να πάρει!

Lo!

φαράσι

kishikio cha uchafu

δοχείο χρωμάτων

chungu cha rangi

βίδες

skurubu

μουσικά όργανα
ala za muziki

μεγάφωνο
spika

ντραμς
mpangilio wa ngoma

κιθάρα
gita

κοντραμπάσο
besi mara mbili

τρομπέτα
tarumbeta

πιάνο
piano

βιολί
fidla

μπάσο
ubeji

τύμπανα
timpani

τύμπανο
ngoma

πλήκτρα
kibodi

σαξόφωνο
saksafoni

φλάουτο
filimbi

μικρόφωνο
maikrofoni

ζωολογικός κήπος

bustani ya wanyama

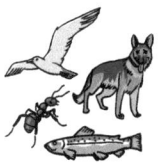

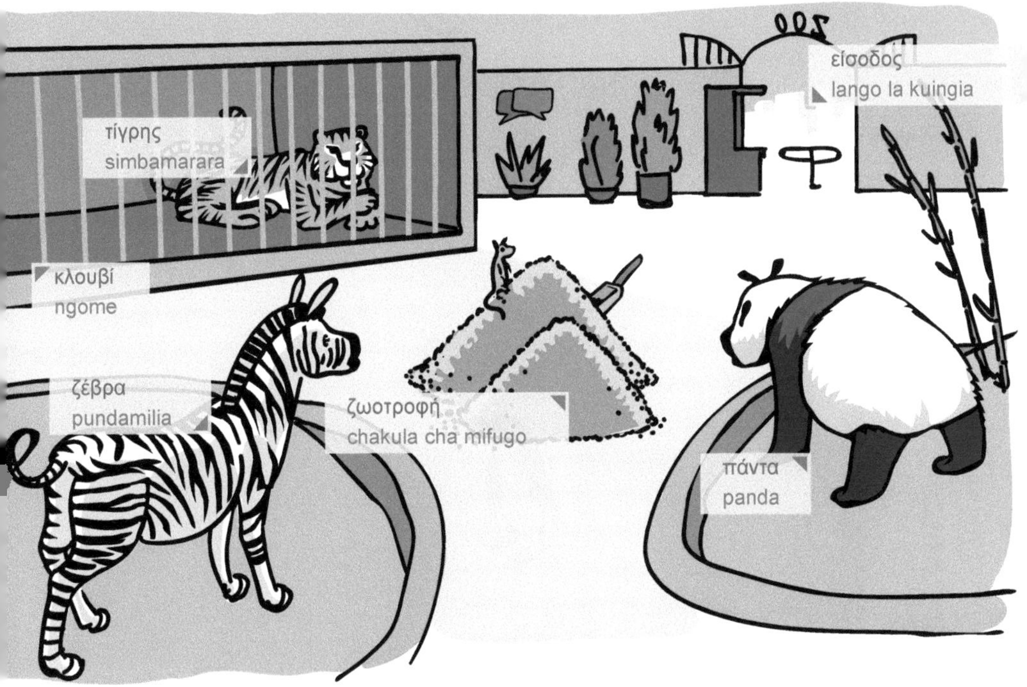
είσοδος
lango la kuingia
τίγρης
simbamarara
κλουβί
ngome
ζέβρα
pundamilia
ζωοτροφή
chakula cha mifugo
πάντα
panda

ζώα

wanyama

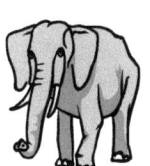

ελέφαντας

tembo

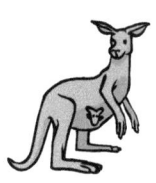

καγκουρό

kangaruu

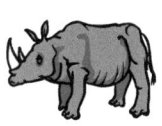

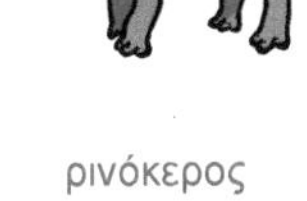

ρινόκερος

kifaru

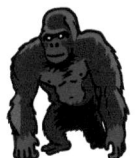

γορίλας

sokwe

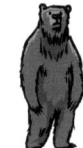

αρκούδα

dubu

καμήλα

ngamia

στρουθοκάμηλος

mbuni

λιοντάρι

simba

πίθηκος

tumbili

φλαμίνγκο

heroe

παπαγάλος

kasuku

πολική αρκούδα

dubu

πιγκουίνος

penguini

καρχαρίας

papa

παγώνι

tausi

φίδι

nyoka

κροκόδειλος

mamba

φύλακας ζωολογικού κήπου

mtunza wanyama

φώκια

muhuri

τζάγκουαρ

jaguar

πόνυ
mwanafarasi

λεοπάρδαλη
chui

ιπποπόταμος
kiboko

καμηλοπάρδαλη
twiga

αετός
tai

αγριογούρουνο
nguruwe mwitu

ψάρι
samaki

χελώνα
kobe

θαλάσσιος ίππος
sili

αλεπού
mbweha

γαζέλα
paa

Αμερικάνικο ποδόσφαιρο
soka ya marekani

ποδηλασία
uendeshaji baiskeli

αντισφαίριση
tenisi

μπάσκετ
mpira wa kikapu

κολύμβηση
kuogelea

πυγχαμία
ndondi

χόκεϋ επί πάγου
magongo ya barafuni

ποδόσφαιρο
soka

μπάντμιντον
vinyoya

στίβος
riadha

χάντμπολ
mpira wa mikono

σκι
skii

πόλο
polo

δραστηριότητες
shughuli

γελάω
cheka
πηδάω
kuruka
αγκαλιάζω
kumbatia
περπατάω
kutembea
τραγουδάω
kuimba
ονειρεύομαι
ota ndoto
προσεύχομαι
kuomba
φιλάω
busu

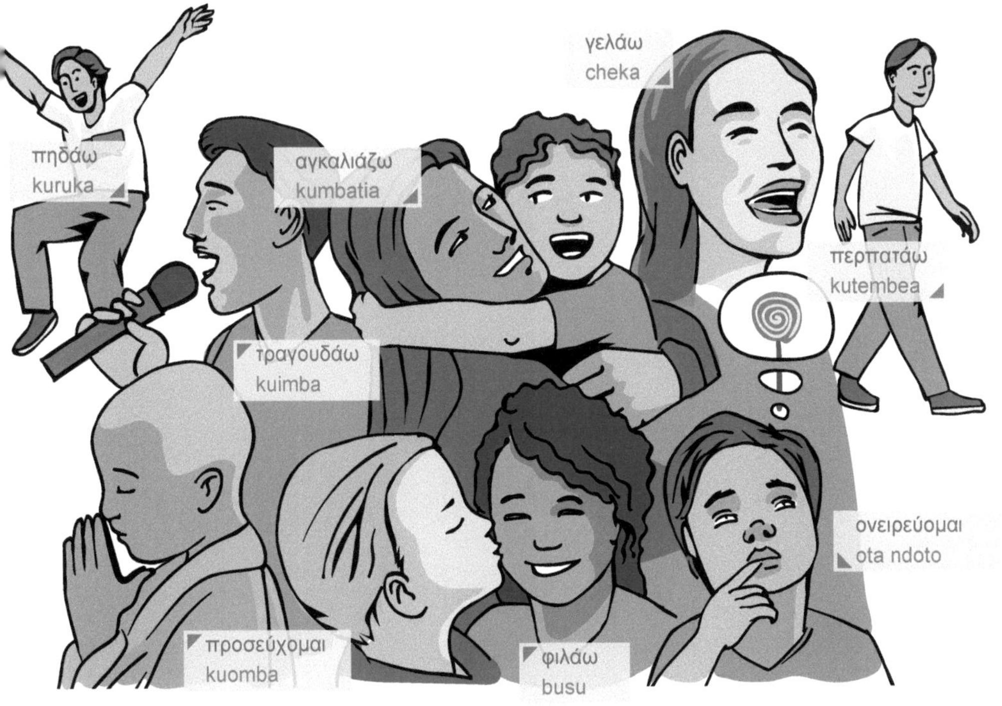

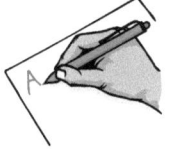

γράφω

kuandika

σχεδιάζω

kuteka

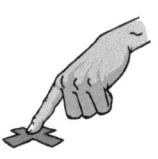

δείχνω

angalia

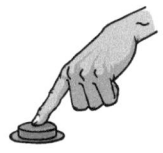

πιέζω

sukuma

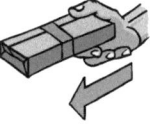

δίνω

kutoa

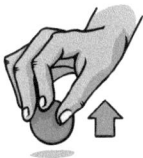

παίρνω

kuchukua

έχω
kuwa

κάνω
fanya

είμαι
kuwa

στέκομαι
kusimama

τρέχω
kukimbia

τραβάω
vuta

ρίχνω
kutupa

πέφτω
kuanguka

ξαπλώνω
hadaa

περιμένω
kusubiri

κουβαλώ
kubeba

κάθομαι
kukaa

φοράω
vaa nguo

κοιμάμαι
usingizi

ξυπνάω
kuamka

κοιτάω

kuangalia

κλαίω

lia

χαϊδεύω

kiharusi

χτενίζω

chana nywele

μιλάω

ongea

καταλαβαίνω

kuelewa

ρωτάω

kuuliza

ακούω

kusikiliza

πίνω

kunywa

τρώω

kula

συγυρίζω

nadhifisha

αγαπάω

upendo

μαγειρεύω

mpishi

οδηγώ

gari

πετάω

kuruka

δραστηριότητες - shughuli

κάνω ιστιοπλοΐα
meli

υπολογίζω
kokotoa

διαβάζω
kusoma

μαθαίνω
kujifunza

δουλεύω
kazi

παντρεύομαι
kuoa

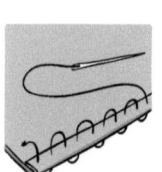

ράβω
kushona

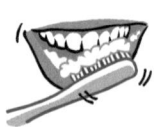

βουρτσίζω τα δόντια
piga mswaki

σκοτώνω
kuua

καπνίζω
moshi

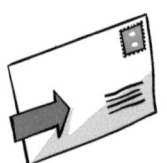

στέλνω
kutuma

οικογένεια
familia

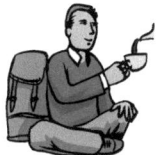

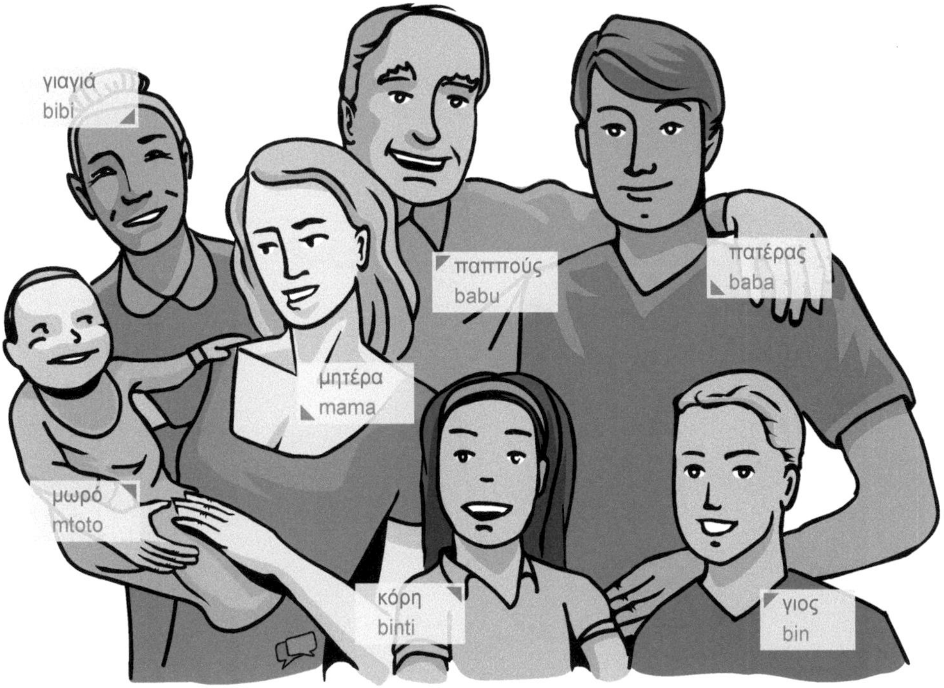

γιαγιά
bibi
παππούς
babu
πατέρας
baba
μητέρα
mama
μωρό
mtoto
κόρη
binti
γιος
bin

καλεσμένος

mgeni

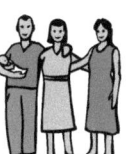

θεία

shangazi

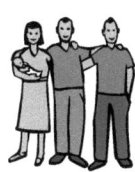

θείος

mjomba

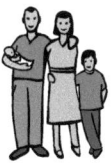

αδελφός

kaka

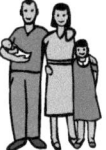

αδελφή

dada

σώμα

mwili

μέτωπο
paji la uso
μάτι
jicho
ώμος
bega
δάχτυλο
kidole
πρόσωπο
uso
πιγούνι
kidevu
χέρι
mkono
πόδι
mguu
στήθος
matiti
βραχίονας
mkono

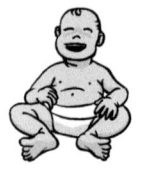

μωρό

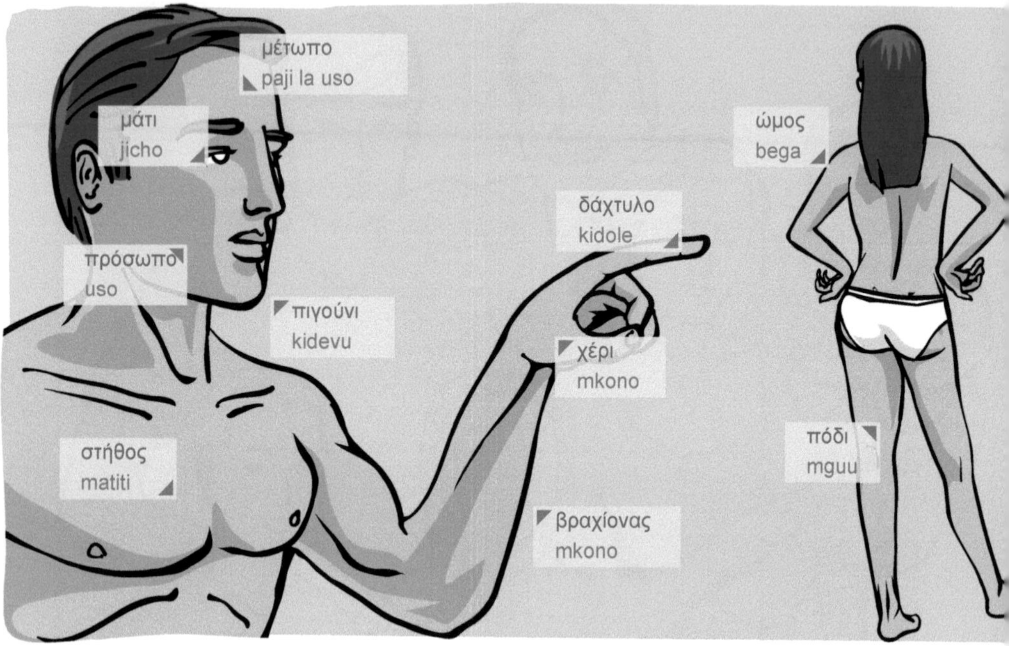

mtoto

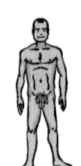

άνδρας

mwanamume

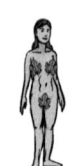

γυναίκα

mwanamke

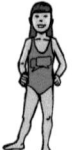

κορίτσι

msichana

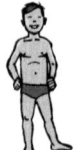

αγόρι

mvulana

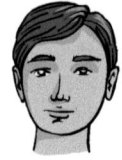

κεφάλι

kichwa

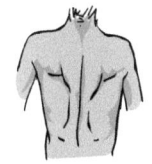

πλάτη

nyuma

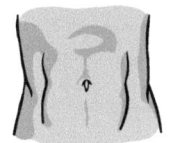

κοιλιά

tumbo

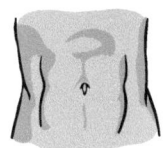

αφαλός

kitovu

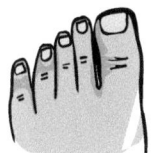

δάχτυλο ποδιού

chano

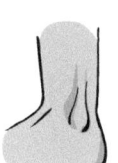

φτέρνα

kisigino

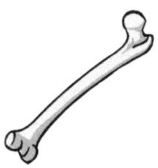

κόκκαλο

mfupa

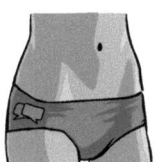

γοφός

nyonga

γόνατο

goti

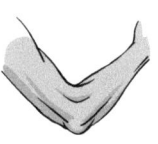

αγκώνας

kiwiko

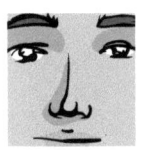

μύτη

pua

γλουτός

chini

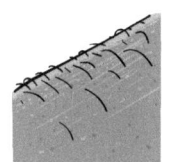

δέρμα

ngozi

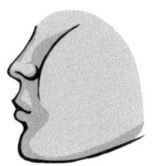

μάγουλο

shavu

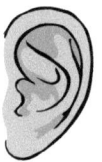

αυτί

sikio

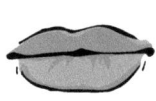

χείλος

mdomo

στόμα

kinywa

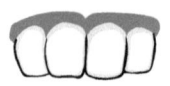

δόντι

jino

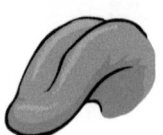

γλώσσα

ulimi

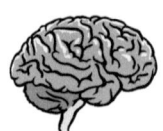

εγκέφαλος

ubongo

καρδιά

moyo

μυς

misuli

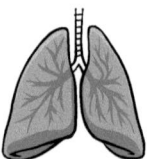

πνεύμονας

pafu

συκώτι

ini

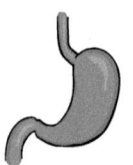

στομάχι

tumbo

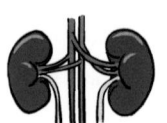

νεφρά

figo

σεξουαλική επαφή

jinsia

προφυλακτικό

kondomu

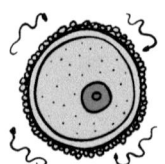

ωάριο

ovari

σπέρμα

shahawa

εγκυμοσύνη

mimba

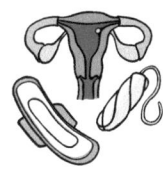

περίοδος

hedhi

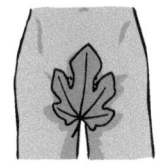

γυναικείος κόλπος

uke

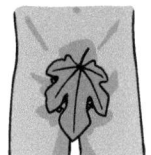

πέος

uume

φρύδι

unyusi

μαλλιά

nywele

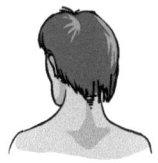

λαιμός

shingo

σώμα - mwili

νοσοκομείο

hospitali

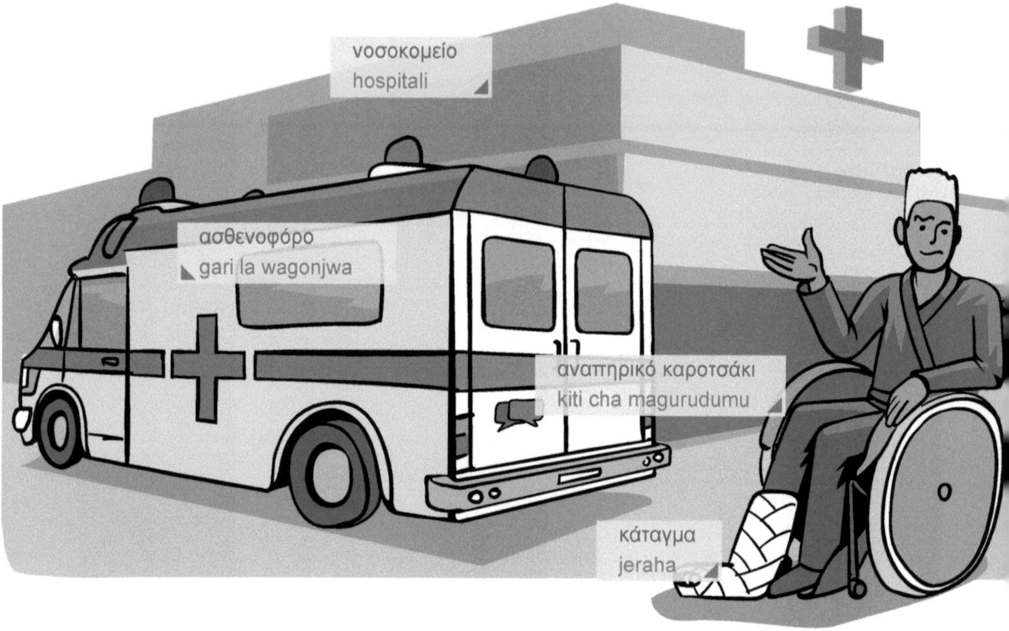

νοσοκομείο
hospitali
ασθενοφόρο
gari la wagonjwa
αναπηρικό καροτσάκι
kiti cha magurudumu
κάταγμα
jeraha

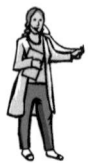

γιατρός

daktari

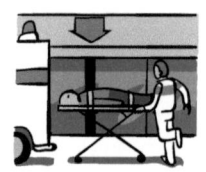

μονάδα εντατικής θεραπείας

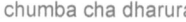

chumba cha dharura

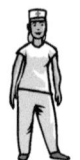

νοσοκόμα

muuguzi

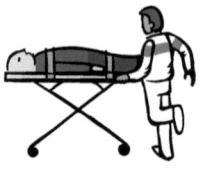

έκτακτη ανάγκη

dharura

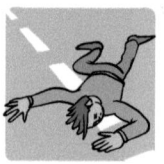

λιπόθυμος

kupoteza fahamu

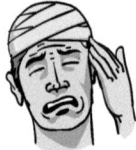

πόνος

maumivu

τραύμα
kuumia

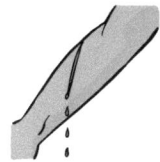

αιμορραγία
kutokwa na damu

έμφραγμα
mshtuko wa moyo

εγκεφαλικό
kiharusi

αλλεργία
mzio

βήχας
kikohozi

πυρετός
homa

γρίπη
mafua

διάρροια
kuharisha

πονοκέφαλος
maumivu ya kichwa

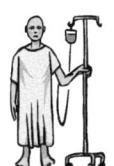

καρκίνος
kansa

διαβήτης
ugonjwa wa kisukari

χειρουργός
daktari mpasuaji

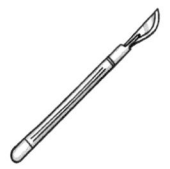

νυστέρι
kisu kidogo cha kupasulia

εγχείρηση
operesheni

αξονική τομογραφία

picha changanufu ya mwili

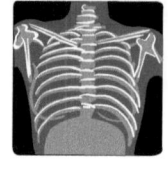

ακτινογραφία

Eksrei

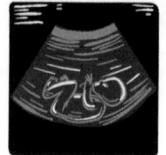

υπέρηχος

mawimbi sauti

μάσκα

barakoa ya uso

ασθένεια

ugonjwa

αίθουσα αναμονής

chumba cha kusubiri

πατερίτσα

mkongojo

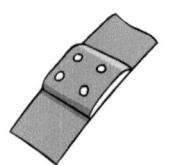

χάνσαπλαστ

plasta

επίδεσμος

bendeji

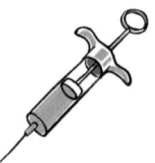

ένεση

sindano

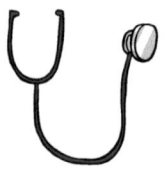

στηθοσκόπιο

stetoskopu

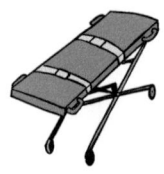

φορείο

machela

θερμόμετρο

kipimajoto cha kliniki

γέννηση

kuzaliwa

υπέρβαρο

unene kupita kiasi

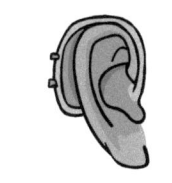

ακουστικό βαρηκοΐας

kusikia misaada

αντισηπτικό

kipukusi

λοίμωξη

maambukizi

ιός

virusi

HIV/AIDS

VVU / UKIMWI

φάρμακο

dawa

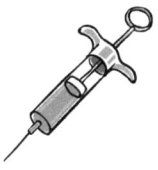

εμβολιασμός

chanjo

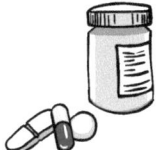

δισκία

vidonge

χάπι

kidonge

κλήση έκτακτης ανάγκης

simu ya dharura

πιεσόμετρο αίματος

haemodainamometa

άρρωστος / υγιής

mgonjwa / mwenye afya

Βοήθεια!

Msaada!

συναγερμός

kengele

βιαιοπραγία

pigo

επίθεση

shambulizi

κίνδυνος

hatari

έξοδος κινδύνου

lango la dharura

Φωτιά!

Moto!

πυροσβεστήρας

kizima moto

ατύχημα

ajali

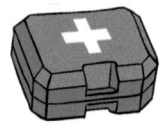

κουτί πρώτων βοηθειών

vifaa vya huduma ya kwanza

SOS

wito wa msaada

αστυνομία

polisi

Ευρώπη

Ulaya

Βόρεια Αμερική

Amerika ya Kaskazini

Νότια Αμερική

Amerika ya Kusini

Αφρική

Afrika

Ασία

Asia

Αυστραλία

Australia

Ατλαντικός Ωκεανός

Atlantiki

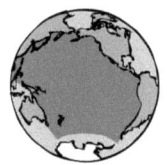

Ειρηνικός Ωκεανός

Pasifiki

Ινδικός Ωκεανός

Bahari ya Hindi

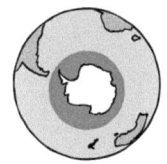

Ανταρκτικός Ωκεανός

Bahari ya Antaktiki

Αρκτικός Ωκεανός

Bahari ya Aktiki

Βόρειος Πόλος

Ncha ya Kaskazini

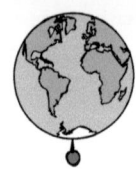

Νότιος Πόλος

Ncha ya Kusini

Ανταρκτική

Antaktika

Γη

dunia

γη

nchi

θάλασσα

bahari

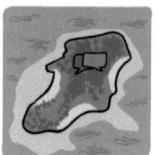

νησί

kisiwa

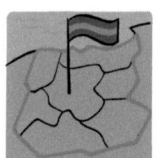

έθνος

taifa

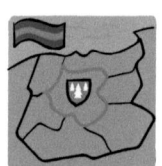

πολιτεία

jimbo

καντράν ρολογιού

uso wa saa

ωροδείκτης

akrabu ya saa

λεπτοδείκτης

akrabu ya dakika

δείκτης δευτερολέπτων

akrabu ya sekunde

Τι ώρα είναι;

Ni saa ngapi?

ημέρα

siku

χρόνος

wakati

τώρα

sasa

ψηφιακό ρολόι

saa ya dijitali

λεπτό

dakika

ώρα

saa

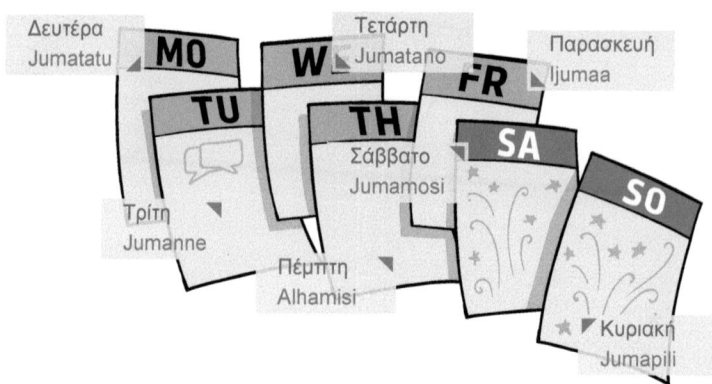

χθες

jana

σήμερα

leo

αύριο

kesho

πρωί

asubuhi

μεσημέρι

saa sita mchana

βράδυ

jioni

MO	TU	WE	TH	FR	SA	SU
1	2	3	4	5	6	7
8	9	10	11	12	13	14
15	16	17	18	19	20	21
22	23	24	25	26	27	28
29	30	31	1	2	3	4

εργάσιμες ημέρες

siku za biashara

MO	TU	WE	TH	FR	SA	SU
1	2	3	4	5	6	7
8	9	10	11	12	13	14
15	16	17	18	19	20	21
22	23	24	25	26	27	28
29	30	31	1	2	3	4

Σαββατοκύριακο

mwishoni mwa wiki

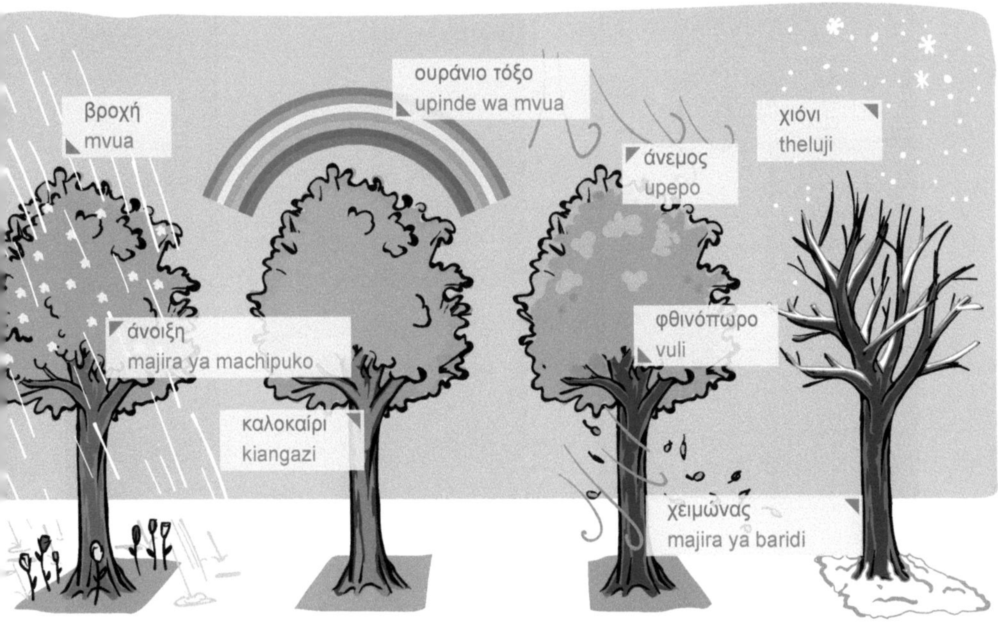

βροχή
mvua

ουράνιο τόξο
upinde wa mvua

χιόνι
theluji

άνεμος
upepo

άνοιξη
majira ya machipuko

φθινόπωρο
vuli

καλοκαίρι
kiangazi

χειμώνας
majira ya baridi

4.APRIL	11°	☀
5.APRIL	4°	≈
6.APRIL	13°	☁
7.APRIL	8°	☀
8.APRIL	10°	☀

πρόγνωση καιρού
utabiri wa hali ya hewa

θερμόμετρο
kipimajoto

λιακάδα
mwanga wa jua

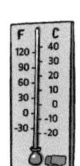

σύννεφο
wingu

ομίχλη
ukungu

υγρασία
unyevu

αστραπή

umeme

κεραυνός

radi

καταιγίδα

dhoruba

χαλάζι

mvua ya mawe

μουσώνας

monsuni

πλημμύρα

mafuriko

πάγος

barafu

Ιανουάριος

Januari

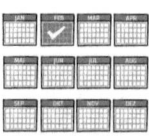

Φεβρουάριος

Februari

Μάρτιος

Machi

Απρίλιος

Aprili

Μάιος

Mei

Ιούνιος

Juni

Ιούλιος

Julai

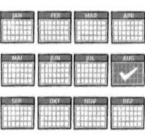

Αύγουστος

Agosti

έτος - mwaka

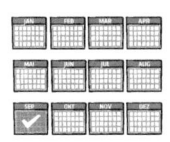

Σεπτέμβριος
....
Septemba

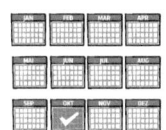

Οκτώβριος
....
Oktoba

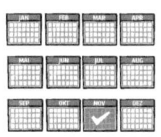

Νοέμβριος
....
Novemba

Δεκέμβριος
....
Desemba

σχήματα
maumbo

κύκλος
....
mduara

τετράγωνο
....
mraba

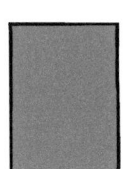

ορθογώνιο
παραλληλόγραμμο
mstatili

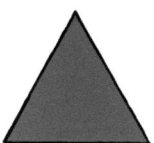

τρίγωνο
....
pembetatu

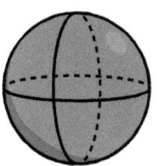

σφαίρα
....
nyanja

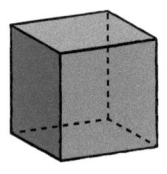

κύβος
....
mchemraba

άσπρο

nyeupe

κίτρινο

manjano

πορτοκαλί

chungwa

ροζ

rangi ya waridi

κόκκινο

nyekundu

μωβ

hudhurungi

μπλε

bluu

πράσινο

kijani

καφέ

hanja

γκρι

jivujivu

μαύρο

nyeusi

πολύ / λίγο

mengi / kidogo

θυμωμένος / ήρεμος

hasira / pole

όμορφος / άσχημος

nzuri / mbaya

αρχή / τέλος

mwanzo / mwisho

μεγάλος / μικρός

kubwa / ndogo

φωτεινός / σκοτεινός

angavu / giza

αδελφός / αδελφή

kaka / dada

καθαρός / λερωμένος

safi / chafu

πλήρης / ατελής

kamilika / tokamilika

ημέρα / νύχτα

siku / usiku

νεκρός / ζωντανός

wafu / hai

φαρδύς / στενός

pana / nyembamba

βρώσιμος / μη βρώσιμος

kulika / kutolika

κακός / ευγενικός

ovu / ema

ενθουσιασμένος / βαριεστημένος

sisimkwa / udhika

παχύς / λεπτός

nene / nyembamba

πρώτος / τελευταίος

kwanza / mwisho

φίλος / εχθρός

rafiki / adui

γεμάτος / άδειος

jaa / tupu

σκληρός / μαλακός

ngumu / laini

βαρύς / ελαφρύς

nzito / nyepesi

πείνα / δίψα

njaa / kiu

άρρωστος / υγιής

mgonjwa / mwenye afya

παράνομος / νόμιμος

haramu / kisheria

έξυπνος / χαζός

akili / kijinga

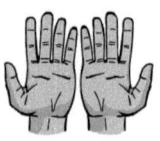

αριστερός / δεξιός

kushoto / kulia

κοντινός / μακρινός

karibu / mbali

καινούριος /
μεταχειρισμένος
mpya / kutumika

τίποτα / κάτι
kitu / jambo

γέρος | νέος
zee / changa

αναμμένος / σβηστός
waka / zima

ανοιχτός / κλειστός
wazi / fungwa

χαμηλόφωνος /
μεγαλόφωνος
utulivu / kelele

πλούσιος / φτωχός
tajiri / masikini

σωστός / λανθασμένος
sahihi / kosa

τραχύς / λείος
mbaya / laini

υπημένος / χαρούμενος
huzunika / furahia

κοντός / μακρύς
fupi /ndefu

αργός / γρήγορος
polepole / haraka

υγρός / στεγνός
nyevu / kavu

ζεστός / δροσερός
joto / baridi

πόλεμος / ειρήνη
vita / amani

αντίθετα - kinyume

0	**1**	**2**
μηδέν	ένα	δύο
sufuri	moja	mbili

3	**4**	**5**
τρία	τέσσερα	πέντε
tatu	nne	tano

6	**7**	**8**
έξι	εφτά	οκτώ
sita	saba	nane

9	**10**	**11**
εννιά	δέκα	έντεκα
tisa	kumi	kumi na moja

12

δώδεκα

kumi na mbili

13

δεκατρία

kumi na tatu

14

δεκατέσσερα

kumi na nne

15

δεκαπέντε

kumi na tano

16

δεκαέξι

kumi na sita

17

δεκαεφτά

kumi na saba

18

δεκαοκτώ

kumi na nane

19

δεκαεννέα

kumi na tisa

20

είκοσι

ishirini

100

εκατό

mia

1.000

χίλια

elfu

1.000.000

εκατομμύριο

milioni

Αγγλικά

Kiingereza

Αμερικάνικα Αγγλικά

Kiingereza cha Marekani

Μανδαρίνικα Κινέζικα

Kimandarini cha Uchina

Χίντι

Kihindi

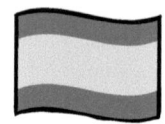

Ισπανικά

Kihispania

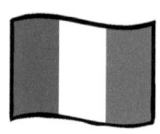

Γαλλικά

Kifaransa

Αραβικά

Kiarabu

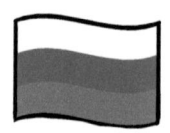

Ρώσικα

Kirusi

Πορτογαλικά

Kireno

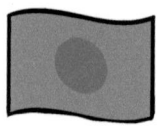

Μπενγκάλι

Kibengali

Γερμανικά

Kijerumani

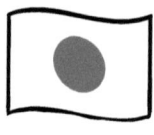

Ιαπωνικά

Kijapani

εγώ

mimi

εσύ

wewe

αυτός / αυτή / αυτό

yeye / yeye / ni

εμείς

sisi

εσείς

wewe

αυτοί / αυτές / αυτά

wao

ποιος / ποια / ποιο;

nani?

τι;

nini?

πώς;

jinsi gani?

πού;

wapi?

πότε;

lini?

όνομα

jina

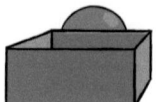

πίσω

nyuma

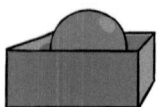

μέσα

katika

μπροστά

mbele ya

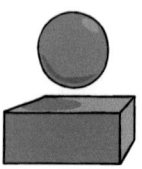

πάνω από

juu ya

πάνω

kwenye

κάτω

chini ya

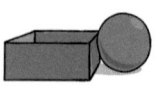

δίπλα

kando

ανάμεσα

kati

μέρος

mahali